이기헌의 대담

이기헌의 대담

한반도 평화 프로세스
8인과의 대화

이
기
헌
지음

단비P&B

책을 펴내며

평화는 인류의 가장 보편적 지향이고 가치이지만 한순간도 완전체였던 적은 없습니다. 지금 이 순간도 인류는 우크라이나에서, 이스라엘에서 진행되는 살육의 장면을 SNS에서 실시간으로 보고 있습니다. 정제된 뉴스에서 보도되던 과거에 비해 더 현실적이고 공포스럽습니다.

우리는 아직도 73년의 전쟁 한가운데 서 있습니다. 70년의 휴전이 평화의 시간처럼 보이지만 항상 유리판 위에 서 있음을 순간순간 자각하는 일이 낯설지 않습니다.

문재인 정부는 역대 정부가 이어온 한반도 평화 체제의 구현을 위해 집권 초기부터 쉼 없이 달렸습니다. 2017년 트럼프 대통령과 김정은 위원장의 말폭탄으로 상징되는 전쟁 위기 상황에서 어쩌면 문재인 정부의 평화를 위한 질주는 운명이었습니다. 2018년 2월 평창 올림픽에 북한이 극적으로 참여하면서 다시 시작된 대화는 그해 두 차례의 판문점 회담을 이루었습니다. 군사적 충돌을 실효적으로 막을 수 있는 9.19 군사합의를 부속 합의서로 하는 평양 선언과 문재인 대통령의 역사적 능라도 연설로 이어졌습니다. 또한 북한과 미국은 문재인 정부 중재로 그해 6월 세기의 싱가포르 북미정상회담을 만들어 냈습니다. 국민들은 곧 한반도에 항구적 평화의 시간이 오리라 믿기 시작했습니다.

그러나 19년 2월 북한의 비핵화를 위한 하노이 회담이 결렬되면서 달리던 평화의 열차는 느려졌고, 유사 이래 가장 강력했던 코로나 팬데믹이 닥치자 정지해 버렸습니다. 문재인 정부는 마지막까지 최선을 다했으나 한반도를 둘러싼 강국들의 강고한 이익 구조의 틀을 바꾸지 못했습니다.

미국, 중국, 일본 등 주변 강국 이해구조의 견고함과 팬데믹이라는 예측 불가의 변수도 있었지만, 한반도 평화의 주체이면서도 중재자의 한계를 극복하지 못한 아쉬움이 큽니다.

일산신도시는 1기 신도시 중 분당과 함께 가장 큰 규모의 계획도시로 출발했습니다.

당시 군의 반대를 무릅쓰고 군사적 요충지에 들어서는 점을 고려하여 1기 신도시 중 가장 쾌적한 168%의 용적률이 적용되었고, 평야지대에 위치해 가장 확장성이 좋았습니다. 호수공원으로 대표되는 넓은 공원과 녹지, 국립암센터와 일산병원 등 6개의 대형종합병원, 주민들의 높은 교육 수준과 그로 인해 부가된 초중등 교육시스템은 1기 신도시 중 유일하게 인구 100만이 넘는 특례시로의 진입을 가능하게 했습니다. 향후 창릉신도시가 입주하면 125만이 넘는 가장 큰 거대 기초단체가 됩니다.

그럼에도 불구하고 서울 서북쪽에 위치한다는 지정학적 인식, 국가균형발전을 위한 수도권정비계획법의 제약이 있어 기업이나 고등교육기관의 유치가 어렵습니다. 부족한 일자리는 수도권 도시 중 가장 많은 서울 출퇴근자를 만들었고, 초기 30만 인구를 기준으로 설계된 교통 시스템은 GTX-A 도입에도 불구하고 한계에 봉착했습니다.

일산시민들은 평상시 안보 리스크를 생각하지 않습니다. 어쩌면 주변 환경 덕에 서울보다 더 안전하고 쾌적한 삶을 살아가고 있다고 느낍니다. 그러나 한반도 안보의 불안정성은 항상 일산을 서울 "북쪽 도시"로 인식시켜 왔음을 부인할 수 없습니다.

평화 정착은 단순히 "코리아 디스카운트"라는 수출 경제적인 측면의 문제 해결책이 아니라 국민들의 삶에 실존적 문제입니다.

북한과 서울 중간에 위치한 고양시 일산은 한반도의 평화 정착이야말로 무엇과도 바꿀 수 없는 가치이며 지역발전의 동력입니다. 평화가 일자리이고 평화가 부동산이고 평화가 교통인 도시입니다. 평화를 만들어 가는 것을 삶과 정치의 목표로 살아가고 있는 필자에게 일산에서 살고 일하는 것은 어쩌면 축복인지도 모르겠습니다.

이 책은 그 길을 같이 걸어가고 있는 한때 직장 동료였고 길벗인 여덟 분의 생각을 풀어본 책입니다. 5년의 과정을 복기하고 다시 걸어갈 힘과 용기를 담아보려 노력했습니다.

2023. 11.
고양관광정보센터 2층 작은 도서관에서
이기헌

차
례

1장

평화를 이야기하다

정범구

정치학 박사(독일 마부르크 Marburg 대학)
제16대, 18대 국회의원
독일연방공화국 주재 대한민국 특명전권대사
청년재단 이사장

윤석열 정부의
외교 기조

—

이기헌 고양시에서 오랫동안 정치 활동을 하시고 독일 대사를 역임하신 정범구 전 독일 대사를 모시고 이야기를 나눠 보겠습니다.

가벼운 질문을 먼저 드려 보겠습니다. 제가 작년에 산티아고 순례길을 힘겹게 걷게 됐는데요. 대사님의 경우 한 번도 아니고 서너 번 순례길을 걸었던 것으로 알고 있습니다. 어떤 계기가 있었나요?

정범구 가볍게 던지셨지만 가볍게 대답할 수 있는 질문이 아니군요. 우리 이기헌 대표는 작년에 왜 산티아고 순례길을 걷게 되었는지 먼저 들어봅시다.

이기헌 무척 힘들었기 때문입니다. 5년간의 어공 생활을 마무리하고 편히 살 줄 알았는데 그러지 못했습니다. 불면증에 시달렸고 미래에 대한 정리가 필요했습니다. 그래서 순례길 걷기를 결심하게 되었어요.

정범구 저 같은 경우에는 작년에 순례길 걸은 것을 포함해, 지금까지 '까미노'를 네 번 다녀왔습니다. 그 길에서 만난 사람 중 특히 한국 분들은 대부분은 어떤 갈림길에 서 있거나 뭔가 새로운 전환기를 만들고 싶어 찾은 듯했습니다. 예를 들어 청년들은 다니던 직장을 그만두고 새로운 진로를 모색하기 위해서 걷기 시작한 것이지요. 나이 든 분들도 꽤 있었는데, 그분들의 경우엔 지나온 삶을 돌아볼 계기를 마련하려는 듯했고, 저 역시 바로 그런 이유 때문이었습니다. 작년 까미노를 찾은 것이 독일 대사직을 마치고 돌아와 2년이 지난 시점이었습니다. 이제 뭘 해야 하나 하는 고민도 있었고, 그동안 살아왔던 길을 되돌아보는 시간을 갖고 싶었습니다. 여기에 윤석열 정부의 출범이 충격을 주었기도 했고요. 그동안 우리가 겪어 보지 못한 새로운 일들을 겪게 되니 머릿속이 좀 복잡했습니다.

그래서 이기헌 대표는 까미노를 걸은 게 도움이 됐습니까?

이기헌 한 달 정도 그 길을 걸었는데, 생각을 정리하는 데 도움이 된 것 같습니다.

정범구 한 달이면 자기 자신을 돌아보기에 충분한 시간이죠.

이기헌 제 생각에 대사님은 정치적 전환기에 한 번씩 다녀오신 게 아닌가 해서 던진 질문입니다.

정범구 사실입니다. 제일 처음 걷기 시작한 때가 마지막 선거에서 떨어진 직후였으니까요.

이기헌   그 뒤로 저도 걷기 전도사가 돼서 만나는 사람들한테 이제 걷기를 권하고 있습니다.

윤석열 정부의 특성이랄까, 성격부터 이야기를 시작해 볼까요. 검찰 중심의 사고 체계를 가진 이 정부가 대한민국의 근간을 흔들고 있습니다. 특히 외교 문제에 있어서 심각한 부작용을 보이고 있습니다. 그동안 우리 한반도는 미, 일, 중, 러 사이에 긴 독특한 지정학적 위치에서 실용 외교를 통해 경제 발전을 목표로 안보를 유지해 왔습니다. 그런데 최근 윤석열 정부는 한미일 군사협력이라는 틀로 바이든 주도하에 중국을 사실상 적으로 돌리고 있습니다. 예전 냉전 시대로, 전 세계가 두 개의 이념 시대로 되돌아가는 양상입니다.

정치외교학을 전공하시고, 독일 대사를 역임했던 경험으로 보았을 때 지금 윤석열 정부의 외교 기조를 어떻게 바라보고 계시는지요?

정범구   현재 취하고 있는 윤석열 정부 외교 기조가 맞는 것인가부터 짚어 봅시다. 1953년 한국전쟁이 휴전으로 끝난 상황에서 지금 한반도는 법적으로는 여전히 전시 상태지 않습니까. 그렇기 때문에 대한민국 외교에 있어서 1차적인 목표는 한반도 정세 안정입니다. 한반도의 평화를 확보하는 게 가장 중요한 우리 외교의 목표여야 합니다.

그렇다면 한반도가 처한 지정학적 특성상 우리를 둘러싸고 있는 모든 나라들과 상대하기 위해 때로는 교활할 정도의 자세를 취해야 할 게 아닙니까. 그런데 지금 윤석열 정부의 대외 기조는 미국이 2차 대전 이후 동아시아에서 꾸준히 추진해 왔던 한미일 삼각동맹 체제를 완성하는 쪽으로 가고 있는데, 이것은 미국의 이익에 발맞추어 가고 있다고 볼 수 있습니다.

이러한 한미일 삼각동맹 체제는 우리 한반도 문제에 있어서 지분이 있다고 주장하는 중국, 러시아 그리고 북한까지를 포함해서 이들을 완전히 적으로 돌려놓는다는 걸 전제로 하지 않습니까? 역대 정부들은 보수 정권, 진보 정권 가리지 않고 꾸준히 한반도 평화정책이라는 기조에서 정책을 취해 왔습니다. 남북관계 기본합의서를 체결했던 게 노태우 정부 시절입니다. 군부정권하에서도 남북 기본합의서에 따라 군사적 긴장 완화를 위해 노력을 했던 것입니다.

이기헌 지정학적 어려움을 역으로 이용하여 한반도 평화정책을 꾸준히 유지해 온 그동안의 우리 외교 기조를 한꺼번에 허물어 버린 윤석열 정부의 한미일 삼각동맹 체제 외교정책에 우려의 시선을 갖지 않을 수 없습니다.

정범구 윤석열 정부의 이 한미일 동맹에서 우리가 구체적으로 얻을 수 있는 실익이 뭘까 따져봐야 하는데, 사실 실익이 없습니다. 미국이 2차 대전 이후에 동아시아에서 구축하려 했던 기본 질서는 일본을 반공의 방파제로 앞세우고, 그 밑에 한국이나 대만을 하위에 두어서 대소 봉쇄, 그 이후에는 대중 봉쇄로 가려던 것 아니었습니까?

이기헌 미국이 동아시아에서 패권을 유지하기 위해서 일본을 자신들의 대역으로 쓰고 관리하겠다는 게 미국의 전략이라고 할 수 있죠.

정범구 1965년 우리가 한일 협정을 체결할 때 국내적으로 많은 반발이 있었습니다. 당시 한일 간에 국교 정상화라는 이유로 졸속으로 협정이 추진된 것도 미국이 강력하게 압력을 행사했기 때문입니다. 미국 입장에서는 한미일 군사동맹이 완성돼야 미국이 구상하고 있던 아시아 태평양 지역에서의 방위 전략이 마침표를 찍는데, 한일 관계가 좋지 않은 상태에서는 한미일 삼각동맹이 완성되지 않으니까 한일 국교 정상화 문제를 미국이 뒤에서 강력하게 추동했던 겁니다. 또한 2015년 박근혜 정부 때 위안부 재단이라는 걸 만들어서 졸속으로 위안부 문제를 해결하려고 했던 것도 결국 그 배후에는 미국이 강력하게 개입해서 밀어붙였다고 볼 수 있습니다.

정리해서 말씀드리면, 한미일 삼각동맹 체제라는 건 미국이 동아시아에서 중국의 확장을 저지하고 대만을 다시 자신의 영향권하에 확보하면서 러시아를 적절하게 견제하기 위한 도구입니다. 큰 그림에서 일본이 미국 대역이었고 그 밑에 하수인 역할을 우리가 담당하는 게 한미일 삼각동맹입니다. 그 결과가 어떻게 됐습니까? 김정은을 다시 러시아로 가게 만들고 중국이 북한의 비핵화 문제에 대한 발언권이 약화되는 쪽으로 흐르고 있습니다.

좀 얘기가 길어졌습니다만, 지금 윤석열 정부의 외교 기조는 이게 우리나라의 외교인지 일본의 외교인지 모르겠습니다.

우경화되어 가는 세계 정치 지형

이기헌　세계화 이후 정치적, 경제적으로 극단화되고 있다고 볼 수 있습니다. 특히 미국에서는 도널드 트럼프 집권 이후 아메리카 퍼스트 정책을 채택해서 저희뿐 아니라 유럽까지 정치 지형이 극단화되는 경향을 보이고 있습니다.

윤석열 대통령이 취임 초에 자유를 외칠 때만 해도 저는 최소한 국익을 최우선으로 하는 정치를 어느 정도는 유지하겠다 생각했는데, 최근의 정치적 행보와 발언 그리고 실제 안보 관련 행보를 보면 한반도 평화보다는 힘에 의한 대결과 투쟁의 길로 가고 있다는 생각을 지울 수가 없습니다.

대사님은 유럽에서 공부하며 머물던 경험이 있지 않습니까? 한때 우리가 유럽식 사민주의를 동경한 적도 있었는데, 현재 스웨덴, 이탈리아, 프랑스 등도 우경화의 길을 걷고 있다고 봅니다. 미국 대선에서 2023년 9월 현재 여론 조사상 도널드 트럼프가 앞서고 있는 것도 현실이고요.

이런 문제에 대해서 어떻게 해석하고, 이를 극복할 방안이 있는지 여쭙고 싶습니다.

정범구　윤석열 정부의 국정운영 기조를 보면, 독일의 기준으로 봤을 때 완전히 극우 지향으로 가고 있습니다. 그런데 이런 현상은 지금 세계 곳곳에서 나타나고 있습니다.

1990년대 이후에 세계가 어떻게 흘러왔는가 한번 요약해 보죠.

1945년 2차 대전이 끝난 후로 세계는 미소 냉전하에 들어가지 않았습니까? 유럽에서 미소 냉전은 1990년 독일 통일로 끝났다고 봐야죠. 독일이 통일되면서 소련이 그다음 해인 1991년 해체되고, 과거에 공산권 국가였던 폴란드, 체코슬로바키아, 헝가리 이런 나라들이 전부 서방 자본주의 품으로 들어왔습니다. 독일 통일을 계기로 유럽연합이 급속하게 확대되고 과거 공산권이 무너지면서 세계가 하나의 시장으로 통합됐습니다. 과거에는 자본주의 시장과 사회주의 시장이 세계를 양분하고 있었는데, 이제 자본주의 시장 그리고 미국식 삶의 태도가 전 세계적으로 확산되죠. 그걸 우리가 이른바 '세계화'라 부르는 겁니다.

모스크바, 사우디아라비아, 이라크 등 어떤 나라에 가든 어떤 카드라도 다 통용이 되고, 맥도날드에 가서 점심을 먹는 생활이 시작된 것이지요. 이것을 우리가 세계화라고 불렀습니다. 세계화 시대의 특징은 전 세계적 범위 내에서 자유무역이 진행되므로 평화 보장이 최우선 과제라는 점이었습니다. 전쟁이 없어야 물자를 서로 자유롭게 교류할 수 있는데, 이러한 세계화를 깨뜨린 게 우크라이나 전쟁입니다.

우크라이나 전쟁이 터지면서 유럽 사람들은 엄청난 충격을 받았어요. 중동에서의 내전이나 아프리카의 내전이야 국지전이니까 있을 수 있는데, 유럽에서 전쟁이 다시 터질 거라고는 생각하지 않았던 사람들에게 큰 충격이었습니다. 이 전쟁이 까딱하면 핵전쟁으로까지 발전할 수 있다는 두려움 또한 유럽 사람들은 느꼈을 테고요.

그래서 오늘날 국제 정세를 '각자도생'으로 표현할 수 있습니다. 각자도생이라는 기조는 사실 우크라이나 전쟁 이전부터 조짐이 있습니다. 바로 2019년 코로나 사태입니다. 2019년 말 중국 우한에서 코로나가 시작됐는데 이것이 다음 해 1월 이탈리아 북부를 중심으로 걷잡을 수 없이 퍼졌단 말입니다.

제가 독일에 있었던 시기였습니다. 그전까지 입만 열면 EU 통합을 얘기하던 사람들이 전부 자기네 나라 국경에 빗장을 걸어 잠그고 백신도 자국민들 것을 먼저 확보하려고 나섰지요. 과거에 거대한 유럽, 하나의 유럽을 주장하던 사람들이 싹 돌아선 것입니다. 여기에 미국 트럼프 행정부가 아메리카 퍼스트를 내세우면서, 세계화로 중국과 무역을 통해 일정 정도 이익을 누렸던 미국이 세계 1위 국가의 위치에 위협이 되자 무역 분쟁을 일으킨 건 말할 것도 없고, 독일이나 유럽 같은 전통적인 동맹국들과도 갈등을 불러일으키지 않았습니까? 유럽의 경우에는 자동차와 철강 문제에 대해서 트럼프가 보복 관세를 매기면서 무역전쟁이 날 지경이었습니다. 원래 트럼프가 주도한 아메리카 퍼스트 기조는 국내 정치용이었는데, 결과적으로 이전까지 유지해 온 동맹국, 우방국들과의 연대를 다 무시해 버린 처사였습니다.

이기헌 트럼프의 보복 관세 이후 코로나 발생, 우크라이나 전쟁을 거치면서 과거의 세계화가 무너지면서 세계의 연대도 끊어진 듯합니다.

정범구 한동안 학자들 사이에서 세계화가 정말 끝난 것이냐는 의견이 분분했는데, 2023년 5월 히로시마에서 열렸던 G7 회의에서 정리된 것 같습니다. restructuring(재구조화)'이 중요 키워드였습니다. 과거 세계화 때 중국 같은 국가들이 엄청난 국가보조금을 받으면서 기업들이 경쟁하던 것은 받아들일 수 없지만, 그렇다고 중국 같은 나라를 완전히 적대 세력으로 몰아서 배제하는 것도 현재 국제 정세에서는 받아들일 수 없는 일이지요. 그래서 이제 종래의 decoupling이라는 태도에서 이제 restructuring, 또는 derisking 이라는 입장으로의 전환이 되었다고 볼 수 있습니다.

이 와중에 아까 그 각자도생 주의가 극성을 부리면서 유럽 국가들에서 나타났던 특성이 극우 정당들이 발호(跋扈)하는 거 아닙니까?

이기헌 이탈리아에서는 파시스트 정당이 정권을 잡았죠. 프랑스에서는 제2당의 르펜이 집권하진 못했으나 대통령 결선투표까지 올라갔고요. 오랫동안 사회민주당이 집권했던 스웨덴에서도 극우 정당에 정권이 넘어가고 말았습니다.

정범구 그렇다면 유럽 극우주의가 왜 발호했을까요? 가장 큰 이유는 난민 문제 때문입니다. 아프리카와 중동에서 넘어오는 난민들은 유럽의 여러 국가가 피할 수 없는 당면 문제입니다. 그렇다면 트럼프의 아메리카 퍼스트는 어디에 기인할까요? 무역 불균형의 문제도 있겠지만 자본주의의 구조적인 일자리 부족이 가장 큰 이유일 겁니다. 사실 일자리는 어느 나라 건 고민하는 문제일 텐데, 극우주의자들은 이 문제의 책임을 외부로 돌립니다.

트럼프는 멕시코 국경을 타고 넘어 들어오는 외국인 불법 이주민들을 희생양으로 삼았고, 유럽의 극우 정당들은 난민들을 표적으로 삼아 각종 선동적인 언사로 정권을 잡았습니다. 이처럼 미국이나 유럽의 극우들은 나름대로 자기들이 지향하는 바가 있습니다. 외국인 난민 문제를 해결해서 일자리의 숨통을 틔운다든가 등 이런 목표하에서 세력을 결집하고 했는데, 외형상으로는 이런 극우주의의 한 아류로 보이는 윤석열 정부에서는 과연 무엇을 지향해서 이런 극우적인 태도를 보이는 걸까요?

이기헌　많은 국민이 궁금해하는 부분일 겁니다. 실익 없는 극우적 태도에 대해서 말입니다. 당면한 경제 문제, 일자리 문제에 대해서도 아무런 대책이 없습니다. 오히려 경제 문제 극복을 위해 협력이 필요한 노조와 대화는커녕 일방적으로 종북세력으로 매도하고 있지요.

정범구　이 정부가 내세우는 극우주의 구호는 정말 이념적이고 정치적입니다. 철 지난 공산 전체주의에 모든 걸 덮어씌우면서 정치 놀음을 하고 있습니다. 그런 점에서 윤석열 정부에 저당 잡힌 우리나라의 미래가 매우 심각해 걱정스럽습니다.

이기헌　지금 한미일 군사협력이라고 표현하지만 실제로는 한미일 경제·군사·안보 동맹의 수준으로 저는 가고 있다고 생각합니다. 그렇게 보았을 때 이렇게 세계를 반으로 쪼갠 것에 대해 실익이 있어야 하는데, 실익이라고는 일절 없는 것 같습니다.

과연 한미일 동맹으로 우리가 얻는 것이 무엇이겠습니까? 한미일 동맹이라고 말하면서 일본의 이익에 부합한 핵 오염수 방류에 대해서는 항의도 없을 뿐 아니라 오히려 정당성을 홍보해 주고 있습니다. 대한민국 국민의 안전에는 안중에도 없는 것 같습니다.

정범구 유럽의 극우주의자들 경우에는 적어도 민족주의적인 가치를 옹호하려고 하지 않습니까?

핵 오염수가 방류된다고 결정했을 때 일명 태극기 부대가 제일 먼저 나서야 하는 게 그동안의 우익 편향 기조에 맞을 겁니다. 그런데 이런 민족주의적인 이슈에도 전혀 관심이 없습니다.

이기헌 일본의 강제적인 병합 이후에 우리나라는 30여 년 동안 식민지로 있었습니다. 그 문제에 대한 역사적 사과와 배상이 끝나지 않은 상태에서 일방적으로 일본과의 협력 관계를 이어 나가는 것은 다음 정권에서도 큰 부담을 지는 일이 아닐까 생각합니다.

보수 정권에서 남북화해는 가능한가

이기헌 윤석열 정부 들어와서는 특히 대북 관계를 대결적 구도로 가져가고 있습니다. 민주당이 김대중, 노무현, 문재인 정부로 이어지면서 어떻게든 남북관계를 화해 협력의 무드로 가져가 한반도에 평화를 정착시키려고 했던 다수의 노력이 있었는데, 그것이 다 폄훼되고 있습니다.

2015년 8월 독일에 잠깐 연수를 간 적이 있는데, 그때 에곤 바르가 사망했습니다. 사회민주당 당사에 방문했는데, 당사 로비에 빌리 브란트의 흉상이 세워져 있더군요. 사회민주당 안에서 여러 지도자가 배출되었는데도, 빌리 브란트의 동상만이 당사 중앙에 있는 것이 매우 인상 깊었습니다. 에곤 바르와 빌리 브란트의 동방정책에도 불구하고 이후 보수적인 기독민주당이 집권하는데도 결국 90년 통일을 맞이하게 됩니다. 사회민주당 정권의 동방정책이 어떻게 정책으로서 살아 있을 수 있었는지, 기독민주당 정권하에서도 통일의 기초가 되었는지 궁금합니다.

정범구 제가 독일 대사로 부임한 게 2018년 1월 11일입니다. 그때까지만 해도 남북관계가 정말 꽁꽁 얼어붙어 있었는데, 다행인 것은 북한이 평창올림픽에 참가하겠다는 메시지를 보내왔다는 점입니다. 하지만 늘 롤러코스터와도 같은 분위기가 반복됐습니다. 2018년 한 해 동안 세 번의 남북회담이 있었습니다. 문재인 대통령은 평창올림픽 당시 김영남 의장과 김여정 부부장과 자리를 함께하고, 판문점 도보다리에서 김정은과 1:1 회담을 하고, 북한의 모란봉 경기장에서 열렬한 환영을 받기도 했지요. 그 거대한 드라마를 보고 듣고 겪으면서 그동안 우여곡절이 많았지만 이제 정말 통일이 눈앞에 온 것이 아닐까 하는 마음에 가슴이 벅찼습니다. 그런데 제가 대사를 그만두는 시점에서는 완전히 관계가 악화하였지요.

자, 독일 이야기로 돌아가 봅시다. 독일 통일 물꼬를 튼 건 빌리 브란트의 사회민주당입니다. 그런데 독일 통일을 완성한 건 보수 정당인 기독민주당이었죠. 정권이 바뀌었는데도, 어떻게 동독과의 관계에서 일관성이 유지될 수 있었는가를 물어보셨죠? 일단 빌리 브란트에 관해 이야기 좀 해 봅시다.

최초로 사회민주당 총리로 사회민주당 정부를 구성했던 것이 1969년입니다. 당시 소수 정당이었던 자유민주당의 도움을 받았습니다. 그리고 빌리 브란트의 동방정책이 전 세계로 퍼져나갑니다. 사실 빌리 브란트가 총리에 취임하던 1969년까지도 독일 행정부와 사회에는 나치의 잔재들이 많이 존재했습니다. 권위주의의 정치문화도 그대로 답습되어 있었고요. 빌리 브란트의 취임사 중에 유명한 구절이 있습니다. "보다 많은 민주주의를 감당하자." 68혁명이 한창이던 시절에 '젊은이들의 도전을 두려워하지 말'고, 우리 사회가 더 많은 민주주의를 실험함으로써 성장할 수 있다는 것을 강조한 겁니다.

이기헌 우리가 독일을 평가할 때 과거사 청산 문제를 매우 높이 평가하지 않습니까. 그런데 빌리 브란트의 사회민주당이 없었다면 독일이 일본과 비교해 선진적이었다고 평가할 수 있을까 싶습니다.

정범구 그렇습니다. 빌리 브란트가 동방정책뿐 아니라 독일 사회를 민주화하는 데에도 매우 중요한 역할을 했다는 것을 말씀드리고 싶습니다.

하지만 빌리 브란트의 사회민주당 정권은 헬무트 슈미트 총리가 의회 불신임을 받으면서 1982년에 끝납니다. 그리고 들어선 기독민주당 정권 시절에 독일이 통일되고, 기독민주당은 98년까지 집권합니다. 독일 통일 이전과 이후 통틀어서 16년 동안 보수 정당이 집권하면서 독일의 틀을 닦는데 애초 사회민주당이 추진했던 것과 크게 달라지지 않았습니다.

이기헌 우리나라 정치에 익숙한 분들은 이전 정부가 어떤 정책을 취했건 간에 새 정부가 들어서면 다 바꿉니다. 특히 지금의 윤석열 정부는 남북 간에 이룩한 합의를 다 뒤집어 버리고 석기 시대로 돌렸습니다. 그러니 독일이 통일 문제에 있어서 일관성을 가진 것에 의문을 가질 수밖에 없습니다.

정범구 첫째, 독일 정치인들은 동서독 문제를 민족 문제라고 보았지, 정파적 문제라고 보지 않았기 때문에 가능한 일입니다. 물론 1972년 동서독 기본 조약을 체결할 때 기독민주당의 반대도 있었습니다. 국회에서 표결했을 때 40표 차이밖에 나지 않았습니다. 이들이 반대표를 던진 것을 우리 식으로 이해하자면, 과거 독일 점령지역에서 쫓겨났던 실향민들의 반대가 심했기 때문이라고 보면 됩니다. 그래도 일단 동서독 관계가 정착되고 나서는 큰 틀에서 정당 간의 충돌은 없었습니다.

두 번째, 경제적인 이유에서 살펴봅시다. 독일의 자본주의 기업에서도 동서독 교류 협력의 확대가 자신들의 시장 확대에 유리하다고 판단했습니다. 독일의 가장 보수적인 정파로 '기독사회연합(CSU)'이 있습니다. 바이에른 지방에 근거를 둔 정당인데, 그 정당 출신의 유명한 보수주의자로 슈트라우스 재무 장관이 있었습니다. 바이에른의 주 총리를 역임하고 중앙정부에서 국방 장관도 지냈지요. 기본적으로 극우에 가까울 정도로 우파지만, 동서독 교류 협력 확대에 적극적으로 나서기도 했습니다. 그 취지는 경제적 이유 때문이었습니다. 동서독이 이렇게 대결 상태로 있고 교류도 안 되는 상황에서 미국이나 영국, 프랑스, 이탈리아 자본은 다 동독 시장에 들어가는데 서독 기업들만 진출하지 못하고 있다는 점에서 찬성한 것이지요.

빌리 브란트 정부 탄생 이전까지는 할슈타인 원칙을 지키고 있지 않았습니까? 동독과 수교하는 국가와는 외교를 끊었지요. 그렇게 동독을 고립시키는 정책을 시행하다 보니, 서독 기업들의 불만이 커질 수밖에요.

이기헌 그런데 우리와 결정적으로 다른 점 하나는 우리는 남북 간에 전쟁을 치르지 않았습니까? 우리는 전쟁을 통해 완전한 분단체제를 만들었고, 현재도 휴전인 상태입니다. 이 때문에 상대에 대한 불신이 깊어졌습니다.

정범구 맞습니다. 동서독 간에 전쟁은 없었습니다. 상대를 바라볼 때 우리처럼 극단적인 불신 같은 게 좀 없었던 점이 우리와 대비되는 점입니다.

우리 같은 경우에는 이렇게 중요한 남북문제에 대해 정파가 다르면 자료를 긴밀하게 공유하지 않는 것 같아요. 제가 독일 대사로 있으면서도 여러 번 경험한 부분이 독일 정치인들은 국익과 관련되는 문제에 대해서는 정파와 무관하게 긴밀하게 필요한 정보와 자료들을 공유한다는 점입니다. 이것은 참 우리가 참고해야 할 일이 아닌가 싶습니다.

이기헌 이 문제와 관련해서 국정원에 대한 말씀을 안 드릴 수가 없습니다. 박정희 대통령 시절에 만든 중앙정보부가 국내 패권 통치를 위한 수단으로 활용되기도 했지만, 북한 관련해서는 유일한 대북 인적 네트워크와 연락 업무 그리고 교류 협력의 한가운데에 서 있던 조직입니다. 그런데 정권이 바뀌면 대북 정책을 담당했던 사람이 바뀌면서 남북관계를 유지하는 데 어려움을 겪을 수밖에 없습니다. 상호신뢰를 유지하면서 쌓아나갈 수 없는 구조입니다. 안보 문제에 있어서 돌발상황이 생겼을 때 상호 오해를 만들지 않으려면 관계가 유지되어야 하는데, 인적·물적 네트워크가 끊겨 버리니 불필요한 오해가 생길 수 있습니다. 그러다 보니 우발적 충돌이 전면전으로 비화할 수 있다는 불안감도 생깁니다. 전 이런 문제가 매우 걱정입니다.

고양시에서의 남북평화와 경제 문제

이기헌 대사님은 고양시 일산 을을 지역구로 두고 16대 국회의원을 역임하셨지요. 그때보다 고양시는 도시 규모가 커지고 인구도 110만 명을 바라보며 특례시로 승격했습니다. 그런데 안타깝게도 일자리가 없는 도시로 유명합니다. 고양시가 살기 좋고 편안한 곳이긴 하지만 젊은이들이 여기서 계속 살아 나가고자 하면 직장이 많아야 하는데 기업들이 들어오지 않고 있습니다. 남북 교류가 활성화됐던 시기에 고양시와 파주가 한반도 평화의 특수를 누릴 것으로 널리 알려지기도 하고, 일부 부동산 가격에 반영되기도 했는데, 또다시 남북관계가 어려워지니까 이 문제가 대단한 리스크로 작용하는 것도 사실입니다.

고양시에서는 최근 '경제 자유 특구' 지정에 굉장히 애를 쓰고 있는데요, 아직 확정되지는 않았지만, 남북관계 리스크는 기업을 유치하는 데에도 어려움을 겪을 것 같습니다. 접경 지역이라 기업 입장에서 안보 리스크를 무시할 수 없겠지요. 이런 부분을 감안하면서 일자리를 만들어 갈 수 있는 경제활동 분야는 무엇이라고 생각하는지 이에 대한 대사님의 의견이 궁금합니다.

정범구 지금도 고양시에 살고 있다 보니, 지역 주민들을 만나면 집값을 얘기하는 분들이 많습니다. 큰 평수에 거주하는 분들은 아무래도 같은 1기 신도시인 분당과 비교하게 되지요. 왜 일산은 분당과 달리 집값이 올라가지 않느냐는 불만이 많습니다.

하지만 다 알고 있는 사실이지만 일산신도시는 만들어질 때부터 태생적으로 한계를 갖고 있습니다. 당시 노태우 정부가 신도시를 만들 때 값싼 주택을 쾌적한 환경에서 공급하고 서울로의 접근성이 좋은 지역에 신도시를 건설한 것 아닙니까? 분당, 일산, 판교 이렇게 후보지가 되었지요. 하지만 처음부터 베드타운으로 설계됐기 때문에 발전의 한계를 인정하지 않을 수 없습니다. 그렇다고 하더라도 교통 문제와 일자리 문제는 현실적으로 해결해야 할 부분이기도 합니다.

신도시가 들어서기 전부터 주요 산업을 가지고 있던 분당과 달리 우리 고양시는 북쪽 접경 지역인 데다 전형적인 농촌 지역에 설계된 도시입니다. 이 모든 조건을 감안해서 경제 발전을 위한 전략을 설계해야 한다고 생각합니다. 고양시의 지리적 특성상 굴뚝산업은 안 됩니다. 현재 추세도 아니고요. 기존의 인프라에서 고양시의 강점이 방송문화 콘텐츠라고 봅니다. EBS와 CJ가 터를 잡고 있는 상황에서 이 부분을 활성화해야지요. 파주의 출판문화산업단지와 연계하여 콘텐츠 개발 사업도 추진해 볼 수 있을 테고요. 부지나 시설을 필요로 하지 않으면서 인적 구성을 잘해서 발전시켜 나가야 합니다. 고양시는 그런 잠재력이 어느 곳보다 풍부하다고 생각합니다.

이기헌　고양시에 살고 있는 전문 인력들이 많은데 대부분 서울로 출퇴근을 하고 있습니다. 대사님의 말씀처럼 접경 지역의 한계를 극복할 수 있는 방송문화 콘텐츠 사업을 거시적인 관점에서 계획한다면 베드타운의 도시 성격을 극복할 수도 있다는 희망을 그려 볼 수도 있습니다.

정범구　오늘날 대한민국의 대도시 중에 자체적으로 일자리를 충당하는 도시가 몇 개나 있습니까? 우리나라 제2의 도시라고 하는 부산조차도 지역 내 일자리가 충분하지 않아서 많은 젊은이가 수도권으로 유출되는 것이 현실입니다. 울산, 창원, 구미 같은 기존의 산업단지를 바탕으로 한 도시가 아닌 한 자기 지역에서 일자리를 만들어 내야 한다는 당위성에서 조금 벗어날 필요가 있어 보입니다. 이기헌 대표가 지역에서 '일산광장'이라는 포럼을 만들었으니, 다양한 계층의 지역 주민들과 지혜를 모아 보는 작업이 필요할 것 같습니다.

이기헌 90년대 초 일산 1기 신도시가 계획돼서 입주가 시작될 때 30~40대의 젊은 가족들이 주를 이뤘다면, 지금 그분들이 노년의 삶을 살고 있는 도시가 되었습니다. 그들의 자녀들이 다시 고양시에 터를 잡으면 좋겠지만, 학교와 일자리 부족 문제, 또 결혼으로 고양시에서 유출되는 문제가 있습니다. 그러다 보니 노령화 속도가 빠릅니다. 그런 측면에서 젊은 세대를 위한 경제적 돌파구가 있어야 합니다.

킨텍스가 고양시를 대표하는 국영기업이고, 마이스산업의 핵심 기지인데, 킨텍스 방문객이 연 650만 명이라고 합니다. 에버랜드가 연간 600만 명이고, 롯데월드가 연간 500만 명 정도라고 하니까 이것을 체류형 관광사업으로 연계할 방안을 모색해야 할 듯합니다. 관람만 하고 고양시를 떠나는 것이 아니라 체험하고 교류하는 기획 관람 프로그램이 필요합니다. 문화 콘텐츠 메카라는 인식을 줄 수 있도록 'CJ라이브시티 방송영상밸리' 완공도 신속하게 추진해야 합니다.

정범구 어쨌거나 일산신도시가 서울에 베드타운으로 생성됐던 그 자체를 완전히 무시할 수는 없어요. 비교적 싼 가격 때문에 일산에 들어와서 직장은 서울이나 다른 수도권에 두고 출퇴근하시는 분들도 많을 테고, 이 숫자는 앞으로도 계속 존재할 겁니다. 그런 이유로 일자리 만드는 작업과 별개로 서울 외곽도시로서의 일산신도시 특성을 감안하여 교통망을 확충하는 것이 일자리 문제 못지않게 중요하다고 봅니다.

이기헌 맞습니다. 1기 신도시 개발 이후 개발된 지역은 교통망 확충이 되지 않은 곳이 많습니다. 이 문제에 대해 심각하게 고민해야만 합니다. 특히 격자형 광역철도망 확충이 중장기적으로 확보되어야 합니다. 진행 중인 GTX-A 노선의 신속한 준공과 삼성역으로의 연장도 계획대로 진행시켜야 합니다. 최근 UAM(도심항공교통)이라고 하는 새로운 교통수단이 등장했습니다. 법이 제정되고 제도가 정비되면 5년 안에 실용화할 계획에 있습니다. 장항지구에 UAM 포트가 들어올 예정입니다. 인천공항과 김포공항에 UAM 터미널이 생기고, 지선으로 경기 북부에선 제일 큰 규모의 포트가 이제 고양시에 생기게 되는 것입니다. 국토부 계획인데, 제 개인적으로 터미널의 기능으로 확대해야 한다고 생각합니다.

정범구 좋은 아이디어인데, 안보 문제를 해결해서 고양시가 경기 서북부의 메인 터미널로서 역할을 하면 좋겠군요.

이기헌 독일 대사 임기를 마치고 청년재단 이사장으로 취임하셨잖습니까. 청년 취업 문제는 새삼스러운 일은 아니지만, 고양시의 경우 주거 비용을 감당하기 어려워 최근에 파주 지역으로 청년들이 빠져

나간다는 통계가 있습니다. 당장 해법을 제시할 순 없겠지만, 너무도 어렵게 살아가는 청년들에게 힘이 되어 주는 말씀을 해 주실 수 있을까요?

정범구 청년재단에 근무하면서 정말 잘 몰랐던 청년 문제에 대해서 1년 동안 깊게 들여다보는 시간을 가졌습니다. 이들에게 제일 가혹한 것은 경쟁이 너무나도 심해졌다는 점입니다. 과거 우리 때도 만만치 않았지만, 지금은 점점 더 많은 스펙을 청년들에게 요구하고 있지요. 상투적인 격려의 말을 할 수밖에 없는데, 그래도 먼저 살아본 사람으로서 청년들에게 이렇게 말씀드리고 싶습니다. 어느 시대도 힘들지 않은 적이 없었습니다. 그래도 지금은 다양한 매체가 열려 있으니 가능하면 무슨 일이든 즐겁고 재미있게 받아들이면서 현재를 살아갔으면 좋겠습니다. 구조적인 사회 문제는 우리 선배 세대가 더 열심히 노력해서 개선해 보겠습니다.

이기헌 저도 지역민들을 위해 다각도로 고민하고 노력하겠습니다.

....

인터뷰 장소
제이가 경기도 고양시 일산동구 일산로427번길 20 1층
제이가는 공동체, 동아리, 평생학습을 위한 공유공간입니다.

02
—

최
종
건

—

현 연세대학교 정치외교학과 교수
전 외교부 1차관, 전 대통령 비서실 평화기획비서관
전 대통령 비서실 평화군비통제비서관

한반도
평화를 위한 노력

—

이기헌　2023년 9월 고양시의 한 지역서점에서『평화의 힘』북콘서트를 진행하고 한 달 만에 다시 뵙습니다.『평화의 힘』은 문재인 정부의 평화 프로세스를 기록한 책이었는데요. 평화에 관련되서는 여러 논쟁들이 있겠지만, 최 교수님이 생각하는 평화는 무엇입니까?

최종건　이기헌 대표와 전 모두 고양 시민 아닙니까. 휴전선으로부터 그리 멀지 않은 곳에 살고 있지요. 고양, 파주, 연천, 포천, 철원 등 접경 지역 주민들이 전쟁 걱정하지 않고 자기만의 온전한 일상을 살아갈 수 있도록 환경이 조성되는 것이 바로 평화라고 생각합니다. 평화라는 가치가 거대한 담론처럼 느껴지지만, 그 평화를 소비하는 주체는 우리 국민들 아닙니까. 그런데 접경 지역 주민들이 아침에 일어나자마자 북한이 우리를 공격하면 어쩌지, 한반도에 분쟁이 일어나면 어떡하지, 하는 걱정을 하면 어떻게 하루하루를 버티어 나가겠습니까.

최근 이스라엘과 팔레스타인이 분쟁의 차원을 넘어 전쟁으로 돌입했고, 2022년 2월에 시작한 러시아와 우크라이나 전쟁은 아직도 진행 중입니다. 이렇게 세계의 갈등과 분쟁을 뉴스에서 접하는 상황에서 접경 주민들은 한반도에서 평화가 깨지는 것을 가장 먼저 떠올릴 것입니다.

평화는 우리의 온전한 일상이 보장되어야 하고, 그 안에서 우리 국민들이 자신의 삶에 집중할 수 있는 상황을 말합니다. 국가를 운영하는 이들은 이런 평화 상태를 보장할 수 있도록 여러 정책을 펼쳐야 하겠고요. 이처럼 평화는 '이제 평화다'라고 현재 완료형으로 얘기하는 것 자체가 어렵습니다.

문재인 정부를 비롯해서 역대 정부가 평화를 과정으로 생각했습니다. 한반도의 평화롭고 완전한 비핵화 그리고 평화체제 구축이라는 지향점을 정해 놓고 그 방향을 향해 나아갔습니다.

앞으로도 서울 중심부에서 정책을 펼치는 분들이 접경 지역의 주민들이 얼마나 평화와 분쟁에 민감한지 좀 예민하게 받아들였으면 하는 바람입니다.

이기헌 윤석열 정부가 출범하고 나서 문재인 정부의 평화 프로세스에 대한 노력을 가짜 평화, 굴종적 평화라고 폄훼하면서 힘에 의한 평화가 필요하다고 주장하고 있습니다. 저희가 문재인 정부에서 추구해 왔던 평화 프로세스가 정말 가짜 평화였습니까?

최종건 어폐가 있는 주장이지요. 평화의 반대가 '가짜 평화'입니까? 문재인 정부 기간 누려왔던 평화가 가짜였다면 대한민국 국방력의 위상은 어떻게 되는 겁니까?

이번 국군의 날 행사 때 윤석열 정부가 예외적으로 군사 퍼레이드를 했는데요. 그때 전시한 무기 대부분이 문재인 정부 때 개발한 것입니다. 미사일 '현무'가 대표적입니다. 한미 미사일 가이드라인을 철폐했기 때문에 우리나라가 자유롭게 미사일을 개발하고 발사할 수 있게 된 겁니다. 역대 어느 보수 정부도 못했던 것 아닙니까? 문재인 정부 시기 한때 우리나라가 일본보다 국방부 예산을 더 많이 지출했습니다. 문재인 정부 기간 동안 단 한 명의 국군장병도 남북 간의 충돌로 사망하지 않았고요. 기록상 5번의 무력 도발이 있었습니다만 전체적으로 5년 동안 한반도는 평화를 지켰습니다.

이기헌 현재 우리가 누리고 있는 이 정도의 평화는 문재인 정부가 만들어 놓은 평화의 토대 위에 있습니다. 그럼에도 윤석열 정부가 문재인 정부의 노력을 호도하고 있는데, 그렇게 해서라도 그들이 주장하는 진짜 평화가 올 수 있다면 상관하지 않겠습니다. 그런데 그게 가능하겠습니까?

최종건 저는 평화의 가치를 정쟁화시키는 것도 불만입니다. 윤석열 정부가 추구하는 것이 '진짜 평화'라면 ─ 저는 그것이 무슨 뜻인지도 모르겠지만 ─ 왜 우리는 마른하늘을 보면서 북한 무인기가 지나갈지 모른다고 걱정해야 합니까? 북한과 러시아가 전략적으로 가까워지는 것을 왜 걱정하고, 한국과 중국의 관계가 소원해지는 것을 왜 걱정해야 합니까? 접경 지역 주민들은 또 다른 군사 분쟁이 일어나지 않을까 왜 노심초사해야 합니까? 이것이 그들이 말하는 '진짜 평화'라면 문재인 정부 시절의 '가짜 평화'가 더 나았다는 생각이 듭니다.

이기헌 최 교수님은 문재인 정부 시절 국가안보실 평화기획비서관을 지냈고, 외교부 차관으로 문재인 정부의 한반도 평화 프로세스를 진행했습니다. 특히 북미 회담과 관련해서 여러 가지 역할을 해 주셨지요. 안타까운 것은 2018년 그 뜨거웠던 남북관계와 진전된 북미 관계가 2019년 멈춰 버린 일입니다. 그 뒤로 코로나19까지 겹쳐 더 이상 진전되지 못한 것이 큰 아픔이었지요.

이런 일련의 과정과 결과에 대해 관료 입장, 연구자 입장에서 어떻게 판단하십니까?

최종건 2019년 하노이에서 북미 회담이 결렬된 것에는 여러 가지 이유가 있을 겁니다. 미국의 국내 정치 상황 때문이다, 협상 테이블에서 딜 조건이 맞지 않았다 등의 이야기가 있는데, 저는 미국 측에서 다음에 회담을 한 번 더 할 수 있을 거라는 생각으로 임했기 때문이라고 봅니다. 이번에 안 되면 몇 달 뒤 다시 만나서 협상하면 되지 않을까 하는 생각 말입니다. 그런데 코로나19가 발발하면서 우리도, 북한도 아무것도 할 수 없게 되어 버렸지요. 저는 근본적으로 아무도 예상하지 못한 팬데믹이 첫 번째 원인, 두 번째는 미국의 전략적인 판단 착오라고 봅니다. 그리고 세 번째로 이 회담이 성사되지 않기를 바라는 사람들이 너무 많았기 때문이라고 생각합니다. 북한이 무엇을 하든 절대 믿지 않는 사람들 말입니다. 이런저런 비난과 불신이 북한과 미국의 결정권자들한테 영향을 줬을 겁니다.

이기헌 돌이켜 보면 우리 대한민국의 역할은 무엇이었을까 자문하게 됩니다. 만약 다시 그때로 돌아간다면 우리 정부가 북미 관계와 한반도 평화에 있어서 주체적으로 어떤 역할을 할 수 있을지 의문이 드는 것이지요. 자조적인 말일 수도 있겠지만, 2018년과 2019년, 우리나라가 주선자였을 뿐 주체가 될 수 없었던 어떤 한계가 있었던 건 아닌가 하는 의견도 있습니다.

최종건 2018년 4월 27일 판문점 정상회담, 5월 26일 제2차 남북 정상회담, 6월 12일 싱가포르 제1차 북미 정상회담, 9월 19일 평양 공동선언, 2019년 북미 정상회담 등 일련의 과정이 진행될 수 있었던 것은 남북관계를 우리가 주도하였기 때문입니다. 2017년 문재인 정부가 인수위도 없이 시작하고, 북측이 스무 번 이상 미사일을 쏘고 핵실험을 하지 않았습니까. 도발에 대해서는 단호하게 대응했지만 평화의 의지를 끝까지 놓지 않았기 때문에 북한을 대화로 유도하여 평창올림픽을 평화 올림픽으로 만들 수 있었던 것입니다. 한반도 평화 프로세스는 그렇게 진행됐습니다. 우리가 어떤 실수를 했거나 부족했기 때문에 하노이 회담이 결렬된 것이 아니라 북한과 미국이 그렇게 결정한 것뿐입니다.

이기헌 우리가 선을 주선했는데 둘이 깨졌다고 해서 주선자가 잘못이라고 하면 뭐 어쩌겠습니까. 그런데 사실 우린 주선자이기도 하지만 당사자이기 때문에 우리는 우리 영역에서 최선을 다했습니다.

최종건 국방 정책이나 보훈 정책 외교 전반에 있어서 문재인 정부가 이뤄 낸 성과는 대단합니다. 문재인 정부 시기에 활성화되었던 K팝, K컬처, K메디슨, K바이오, K뷰티 등이 세계의 스탠다드가 되었다고 해도 과언이 아닙니다. 우리나라의 많은 것들이 코스모폴리탄, 세계의 보편적 가치에 부합했지요. 당시 우리나라는 한반도 평화 프로세스뿐만 아니라 여러 가지 분야에 있어서 세계 무대에서 호응받았던 시기라고 생각합니다.

이기헌 외교 현장에서 우리가 정말 보편적인 가치를 지키고자 노력하지 않았습니까?

최종건 지금 정부와 비교하면 그걸 더 절실히 느낍니다. 제재하겠다, 응징하겠다, 억제하겠다고 하는 대북 정책은 세계적인 흐름에서 봤을 때 보편적인 가치가 아닙니다. 문재인 정부에서는 평화를 달성하겠다, 협상하겠다, 대화하겠다는 외교 영역에서 가장 보편적인 가치를 가지고 국제 무대에서 5년을 지냈습니다. 세계 지도자들이나 국제사회에서 문재인 대통령뿐만 아니라 우리 외교관과 시민들까지도 전 세계적으로 호응을 받았지요. 어떤 유럽 정상은 대한민국 대통령을 3분만 만나게 해 달라고 요청한 적도 있을 정도였습니다.

그럼에도 우리는 '노벨상은 트럼프 대통령이 가지고 가라, 우리는 평화를 가져가겠다'라는 입장이었습니다. 보편적인 가치를 가장 한국적인 방식으로 추구했던 시기입니다.

이기헌 그런데 윤석열 정부가 들어서고 나서 국제질서는 크게 변했습니다. 미국에서는 70년 동안 추진했던 한미일 안보동맹의 틀을 기어이 완성했다고 평가합니다. 하지만 이번 한미일 정상회의 결과가 한반도의 위기를 초래했다는 평가도 있습니다. 최 교수님은 이것을 어떻게 평가하시나요?

최종건 사실 대한민국과 미국은 군사동맹이기 때문에 외교 안보 영역에서의 협의와 대화 수준은 매우 높습니다. 학자로서 현장에 갔을 때도 실감한 부분이지요. 한편으론 미국과 일본의 대화 수준도 높습니다. 그래서 저는 기본적으로 진보 정부나 민주당에서 한미일 협력이라고 하는 플랫폼 자체를 거부할 필요는 없다고 봅니다. 우리 없이 미국과 일본이 한반도 논의를 하는 건 정말 최악의 상황이거든요. 게다가 그들의 관점이 우리의 관점과 100% 동일할 수 없기 때문에 우리가 할 수 있는 발언을 한미일 협력이라는 플랫폼을 통해서 하면 됩니다. 적어도 문재인 정부 때는 그렇게 했습니다. 한반도 문제, 동북아 안정의 문제, 김정은과 대화하는 문제를 한미일 간의 협력 안에서 진행했습니다.

그런데 지금의 한미일 협력은 그때와 좀 다른 것 같습니다. 문재인 정부의 한미일 협력은 우리의 외교 안보 이익을 전파하는 수단이었는데, 윤석열 정부에서는 이것 자체가 목적이 되어 버린 듯합니다. 한미일 안보협력은 높아졌다고 할지 모르겠지만 한반도 외교 안보, 평화 구도는 점점 불안해졌습니다. 최근 러시아와 북한의 회담도 남한을 의식해서 진행한 것 같습니다. 푸틴이 고작 포탄 몇 개 받겠다고 김정은을 초청해서 러시아 우주 기지에서 회담했다고 보지 않습니다. 무기 거래를 할 계획이었다면 비밀리에 진행했겠죠. 미국, 일본, 한국 보라고 일부러 한 겁니다. 북한도 러시아와 전략적으로 늘 제휴 관계임을 보여주는 것 같습니다. 말씀하신 것처럼 한미일 안보협력이라는 이름의 밀착 구도에 대한 반작용이라고 봅니다.

이기헌 한미일 협력은 필요하지만 방향성과 내용을 어떻게 잡을 것인지가 중요하다는 말씀인 듯합니다.

최종건 한미일 협력이 한반도에 어떠한 공헌을 할 것인가 하는 근본적인 물음표를 던져야 하는데 지금의 한미일 협력은 마치 절대선처럼 지켜야 되는 가치라고 말하니, 연구자로서 저는 좀 불만입니다.

이기헌 트럼프 대통령이 당선되고 나서 아메리카 퍼스트라고 하는 자국 중심주의의 기치를 걸었고, 이후 세계는 각자도생하는 경제 틀로 가고 있습니다. 그러다 보니 유럽을 중심으로 극우화의 길이 넓어졌고, 한국 정치도 극우화의 과정에 놓인 듯합니다.

우리나라는 자원이 많지 않았기에 수출 주도형 경제성장을 하는 개방형 통상국가로서 지금까지 경제성장을 이루어 왔습니다. 우리가 한미일 중심의 안보동맹이라는 틀로 결국 미국 중심의 경제 프레임에 종속되면서 우리 경제에 수출 부진 등 악영향을 줄 것을 우려하는 경제 전문가들이 많습니다. 최 교수님은 이 부분에 대해 어떤 생각을 갖고 계신가요?

최종건 경제가 단박에 그 결과와 효과가 나타나는 것은 아니겠지만 그런 경향성은 분명 있어 보입니다.

중국은 여전히 세계 최대 시장입니다. 우리는 그 옆에 있고요. 중국의 성장 없는 동북아 성장도 어려울 겁니다. 일본의 침체는 중국의 침체와 연동되어 있습니다. 그러므로 예전처럼 중국 시장권에 있어서 우리가 기득권자로 활동하면 중국에서 이익을 가져올 수 없습니다. 중국도 경제나 기술 등이 성장했기 때문에 중국 소비자들과 직접 연결되는 B2C 사업을 많이 해야 합니다.

예를 들어 보지요. 화장품의 경우 한중 관계가 안 좋아지면 중국 소비자에게 한국 인상이 안 좋아지기 때문에 우리 것이 아니라 일본이나 프랑스 제품을 삽니다. 분유도 그런 품목 중 하나입니다. 우리나라의 하이퀄리티 고부가가치 제품이 수십억 중국 소비자에게 외면받는 겁니다.

하지만 그런 상태까지 갈지는 좀 더 두고 봐야 할 듯합니다. 아직은 중국이 미국처럼 매우 이기적인 정책을 펼치고 있다고 보이지는 않습니다. 그래도 우리가 지금 중국에 제조나 수출 면에 있어서 많이 의존하고 있기 때문에 한중 관계 관리는 매우 중요하다고 생각합니다. 지금은 실리, 국익 외교, 협력 외교를 해야 할 시기인데, 한반도가 이렇게 불안하면 세계 금융시장이나 투자 시장에서 외면당

할지도 모른다는 불안감도 있습니다.

대한민국의 외교 방향

이기헌　문재인 정부의 외교부 차관 시절, 이란 원유 대금 지급 문제로 여러 차례 이란을 다녀오신 걸로 알고 있습니다. 이때 이란에 제공된 원유 자금이 지금의 하마스 정부의 자금으로 들어가서 현재 전쟁 발발의 이유가 되었다고 주장하시는 분들이 있습니다.

최종건　당시 이란 원유 대금은 이란이 접근가능한 해외은행에 예치되어 있었기 때문에 제재 대상이었습니다. 쉽게 돈을 인출해서 아무 데나 사용할 수 없었습니다. 그리고 무엇보다 이란이 지금의 하마스를 지원했다고 하는 명확한 증거가 없습니다. 이러한 트럼프 전 대통령 측 주장은 터무니없는 것이고요.

그럼에도 지금 이스라엘과 하마스의 전쟁은 한반도에 많은 함의를 줍니다. 특히 고양, 파주시 등의 접경 지역 주민들에게는 그냥 흘려들을 수 없는 소식입니다. 저는 이러다 우리도 모르게 전쟁이 나지 않을까 걱정이 될 정도입니다. 지금 이스라엘 전쟁이 터지고 나서 이 지역에서 수천 명이 목숨을 잃었습니다. 가자 지구나 이스라엘은 우리 고양시나 파주시처럼 인구밀도가 높습니다. 아파트 지역이다 보니 폭격을 맞으면 순식간에 대참사가 일어납니다. 서울도 마찬가지의 위험에 놓여 있지요. 어떤 식으로든 전쟁이 나면 한반도에서는 상상도 할 수 없을 만큼의 인명 피해가 생길 겁니다.

이런 이유로 문재인 정부 기간 동안 만들어 놓은 9.19 군사합의의 중요성이 더 부각됩니다. 9.19 군사합의의 목적은 간단합니다. 이것을 한반도 비핵화를 위해서 만든 것도 아니고, 우리와 북한의 무장해제를 위해서 만든 것도 아니고, 접경 지역에 우발적 군사 충돌을 방지하기 위한 장치입니다. 그런데 지금 윤석열 정부의 국방부에서는 이걸 신속하게 효력을 정지시키거나 무효화시켜야 한다고 주장하지요. 본인들이 지금 뭘 하고 있는지도 모르는 사람들 같습니다.

이기헌　그들 논리는 휴전선 인근에 정찰 자산의 접근이 불가해지니 북한의 군사 행동을 신속하게 판단하기가 어려워졌다는 겁니다. 그래서 북한의 로켓에 대응 능력이 현저히 떨어진다는 것인데요.

최종건　그랬다면 2018년도 우리가 합의를 위해 노력할 때 어떻게 해서든 반대를 했어야 되는 것 아니겠습니까? 제가 제 책에도 썼지만, 군과 협의하는 과정에서 그것만은 절대 수용할 수 없다고 주장했어야 하는 겁니다. 9.19 군사합의로 우리의 정찰 능력에 한계가 있다고 주장하는 분들은 대한민국의 정찰 능력을 자기가 옛날에 근무했던 시절의 수준으로밖에 보지 않는 겁니다. 그동안 여러 정부에서 향상시킨 국방 능력을 고려하지 않는 것이지요.

　기본적으로 9.19 군사합의는 우리의 힘이 약해서 북한과 합의한 것이 아니라 우리가 강자의 입장에서 합의한 내용입니다. 인공위성을 쏘아올리고 강력한 전투기도 개발했고, 이지스함도 구축해 놓았는데, 전방에 무인정찰기를 띄워야만 정찰이 된다고 생각하는 수준이 구시대적 발상입니다.

학자 입장에서 명확하게 말씀드리면, 전쟁 발발의 원인이 하마스에게 있는 것은 맞고 매우 규탄받을 만한 행동이지만 이스라엘 입장에서는 안보 정책의 실패라는 것을 받아들여야 합니다. 전쟁이 일어나지 않도록 군사적으로나 외교적으로나 팔레스타인에 행동을 보여 줬어야 하는데, 전쟁이 발발해 버렸으니 이스라엘의 대응 능력은 실패한 것입니다. 국가를 운영하는 지도자의 첫 번째 목표는 전쟁 방지 아니겠습니까? 그건 우리나라도 마찬가지이죠. 때론 북한과 합의를 보는 과정에서 아쉬운 부분이 많더라도 우리가 북한보다 더 많은 피해를 볼 수 있다는 피해의 불균형 문제를 고려하지 않을 수 없습니다. 북한에 대해 억제, 제재도 있어야 하겠지만 북한과의 대화 시도, 주변국과의 협력 외교 이렇게 트라이앵글로 추진되어야 하는데, 지금은 그렇지 못한 게 아쉽습니다.

이기헌 이스라엘과 그리고 가자 지구에 있는 팔레스타인들에게 더 이상의 사상자 없이 이번 사태가 마무리됐으면 좋겠다는 생각을 합니다. 그런 의미에서 마지막 질문을 드려 보겠습니다.

고양시는 접경 지역인 이유로 많은 평화운동가가 활동하고 있습니다. 마찬가지 이유로 경제활동 측면에서는 제약이 많은 것도 현실입니다. 인구가 많고, 토지도 넓고, 서울과도 인접해 있음에도 기업 유치가 어렵습니다. 청년들은 취업을 위해 고양시를 떠날 수밖에 없습니다. 안보 리스크 때문에 기업이 들어오지 못하고 고령화 도시로 변하는 고양시가 발전할 수 있는 방법이 있을까요?

최종건 이런 문제를 심각하게 받아들이고 개선 시킬 방안들을 모색할 정치인을 뽑으면 되는 것 아니겠습니까? (웃음) 예전에 개성공단이 활성화되었을 때는 파주시가 개발되기 전이거든요. 한때 고양시에서 약 700여 명의 근로자들이 개성공단으로 출퇴근한 것으로 알고 있습니다. 그때 오피스텔 같은 부동산 가격도 꽤 올랐다고 들었습니다. 부동산 문제와 경제 발전이 이루어지려면 접경 지역의 안정이 가장 중요합니다. 향후 남북 교류가 활성화되면 고양시는 대륙으로 향하는 전초기지가 될 겁니다. 그러므로 무엇보다 평화의 도시라는 콘셉트를 유지하는 것이 중요합니다. 또 환경 생명 벨트를 유지하고 있으므로 이것과 관련하여 시민 활동도 더욱 활발해졌으면 하는 바람입니다. 평화가 곧 경제입니다.

이기헌 '평화가 경제다'라는 말씀 기억하겠습니다.

03

김창수

전 민주평화통일자문회의 사무처장
전 청와대 안보실 통일비서관

윤석열 정부의
대북 정책과
외교 정책 진단

—

이기헌 고양시의 평화와 경제를 어떻게 만들어 가면 좋을지, 경직된 남북관계를 풀어나가기 위해서는 어떻게 하면 좋을지가 현재 고양시의 큰 과제라 할 수 있습니다. 이에, 이 분야의 전문가를 모셨습니다. 인사와 간단한 자기소개 부탁드립니다.

김창수 네, 김창수입니다. 문재인 정부 시절, 통일비서관을 역임했고, 민주평화통일자문회의 사무처장을 지냈습니다.

이기헌 우리가 인연을 맺은 지도 오래되었습니다. 남북관계 관련, 오랜 기간 활동해 오셨고 우리가 야당일 때나 여당일 때 또 청와대에 재직하실 때뿐만 아니라, 시민사회단체에서 활동하실 때도 남북관계를 주요 화두로 잡고 오랫동안 일을 해 오신 걸로 알고 있습니다. 최근 '남북관계 정체'라는 표현을 쓸 것도 없이 아예 남북관계 자체가 없는 상황이 벌어지고 있습니다. 특히 윤석열 정부가 들어서고 난 뒤 남북관계가 굉장히 퇴보하고 말았는데요, 윤석열 정부의 대북 정책을 어떻게 평가하시는지 말씀을 듣고 싶습니다.

김창수 윤석열 정부에 대해서 많은 사람이 여러 각도로 평가하고 있습니다. 역사적인 맥락에서 윤석열 정부의 대북 정책, 외교 정책을 진단해 보면 역사적인 맥락에서 크게 두 가지로 생각해 볼 수 있습니다.

먼저 대한민국 임시정부는 1919년 3.1운동 이후 수립되었습니다. 3.1운동은 우리 민족이 근대 민주주의의 가치를 내세우면서 비폭력 평화 시위를 통해서 일제 강점에 저항한 위대한 민족운동입니다. 우리 근현대사는 3.1운동이라는 자랑스러운 역사에서부터 시작한다고 말씀드릴 수 있습니다. 이런 연유로 대한민국 헌법은 3.1운동 정신을 계승했다고 이야기하고 있습니다.

이후 4월 11일 상해에서 대한민국 임시정부가 수립되었습니다. 당시 상해 임시정부 헌장 제1조는 '대한민국은 민주공화제로 한다'입니다. 이 내용은 현재 대한민국 헌법 1조 1항에 그대로 계승되고 있습니다.

이기헌 우리 대한민국의 역사는 바로 세계적으로도 보기 힘든 평화적이고 장기적이며 거족적으로 참여한 3.1운동과 세계 역사에서 매우 빠른 시기에 민주공화국을 선포했던 대한민국 임시정부에서부터 출발한다고 할 수 있지요. 현재 대한민국 헌법 전문을 살펴보면 3.1운동과 임시정부의 법통을 계승한다고 분명하게 밝히고 있습니다.

김창수 이런 역사를 대한민국의 역대 모든 정부가 모두 인정해 온 사실입니다. 때로는 독재 정부도 있었고, 민주화를 외치면서 국민의 뜻을 이어받아 만들어진 정부도 있었습니다. 정부의 성격이 다 달랐어도 말이지요. 군사독재 정권 같은 경우에 국민의 뜻에 반하는 정책을 펼치기도 했습니다. 자기들이 주장하거나 직접 실천하지는 않았지만 적어도 명목상으로는 대한민국 100년 역사와 법통을 계승하는 게 추세였습니다. 그래서 역대 모든 정권이 3.1절이라든가 8.15 광복절이라든가 이럴 때 100년 후 대한민국의 역사를 계승하자는 취지의 발언을 하곤 했지요.

이기헌 군사독재 정권에서도 말은 그렇게 했지만 실천하지는 않았죠. 그래도 명목상으로 계승하겠다는 연설이 빠지지 않았던 건 사실입니다. 이승만 대통령, 박정희 대통령, 전두환 대통령도 마찬가지였고요.

김창수 3.1운동 정신과 임시정부로부터 대한민국의 근본을 세웠고, 그리고 줄기차게 이어져 내려오고 있는 민주공화국과 자유민주적 기본 질서에 입각한 대한민국의 사회 그리고 평화적 통일을 추구해 나가겠다는 것, 이것이 바로 우리 대한민국의 100년의 역사를 통해서 모든 역대 정부가 계승해 왔던 정신들입니다.

근데 저는 현재 윤석열 정부는 이 길에서 크게 벗어나고 있다고 생각합니다. 어쩌면 거꾸로 가고 있다, 그런 생각이 큽니다. 그런데 또 곰곰이 살펴보면 이건 거꾸로 가는 게 아니고 이탈하여 퇴보하는 겁니다. 그러니까 대한민국이라는 궤도가 1919년부터 100여 년이 넘게 이어져 오고 있는데 윤석열 정부 들어서 크게 이탈하고 있습니다. 그런 점에서 저는 윤석열 정부의 대북 및 통일정책에 대해서 매우 따끔하게 비판하는 입장입니다.

이기헌 다른 측면에서도 진단해 보신 평가는 어떤가요?

김창수 우리나라 헌법 제4조를 살펴볼까요? '대한민국은 통일을 지향하며, 자유민주적 기본질서에 입각한 평화적 통일정책을 수립하고 이를 추진한다.'라고 되어 있습니다. 상해임시정부에서 자주적 독립을 주장하고 이에 맞춰 독립운동을 전개했지요. 자주적 독립 해방 이후에 대한민국 정부가 수립되고 나서 평화적 통일방안을 지금까지 계승하고 있는 것입니다.

그래서 역대 모든 정부는 이 평화적 통일을 위해서 노력해 왔습니다. 대한민국 정부가 평화적 통일을 분명하게 명시적으로 바뀐 것은 1970년 박정희 대통령의 8.15 경축사에서였습니다. 이때 박정희 대통령도 평화적 통일을 이야기합니다.

이기헌 그리고 1972년에 7.4 남북공동성명을 채택하고, 1991년에는 남북기본합의서에 합의하였죠.

김창수 물론 박정희 대통령의 공동 성명은 유신 독재 체제를 연장하고 강고히 하기 위한 취지에서 남북관계를 악용했다는 비판을 받고 있습니다. 그러나 박정희 대통령이 평화통일의 메시지를 자신의 독재를 연장하는 수단으로 활용했지만 그만큼 평화적 통일이 중요하다는 것을 알았기 때문에 그런 행동과 발언을 했다고 볼 수 있습니다.

이기헌 박정희 대통령이 8.15 연설을 할 때 당시 검찰을 중심으로 한 공안 세력들과 박정희 정부의 청와대 사이에서는 심각한 논쟁이 있었죠?

김창수 네, 자세한 내용은 이렇습니다. 박정희 대통령이 평화적 통일을 이행하려고 하니까 검찰을 중심으로 한 공안 세력은 무슨 평화적 통일이냐, 저 북한 괴뢰 집단, 공산집단, 적화통일을 노리고 있는 저 집단하고 무슨 평화통일이 필요하냐며 따지고 든 것이지요. 그때 박정희 대통령이 주장한 논리는 적화통일을 내세우면서 우리가 적대하고 대결해야 하는 것만으로 보는 것은 하등 전략이라고 설득했습니다. 이제는 우리가 북한과 자유롭게 경쟁해서 북한을 이기고 평화적 통일을 추구하는 것, 이런 목표를 세우는 것이 고등 전략이라고 주장했습니다. 평화통일이 고등 전략, 냉전 대결이 하등 전략이라고 말했던 사람이 바로 1970년의 박정희 대통령이었습니다.

이기헌 그 이후에 전두환 정부가 들어섰는데도, 말뿐이기는 했어도 그 기조가 바뀌지는 않았죠.

김창수 맞습니다. 광주에서 수백 명을 학살하고 등장한 전두환 대통령의 8.15 경축사가 어땠는지 아십니까? 우리는 35년간 일제에 의

한 강제 점령을 당했고 우리는 이 치욕을 잊어서는 안 된다, 그리고 일제가 우리를 강제 점령한 것이 분단의 기원이기 때문에, 우리는 일본에게 분단의 책임을 추궁해야 한다. 그리고 남북 간의 평화적 통일을 추구해 나가는 것은 우리 민족의 과제이다. 이게 바로 전두환 대통령의 경축사란 말입니다. 거듭 강조하지만, 말처럼 행동한 것은 아니지만 남북평화가 중요하다는 걸 독재 권력을 행사한 대통령들도 인식하고 있었다는 점입니다.

이기헌 노태우 정권에서는 어땠나요?

김창수 노태우 대통령의 7.7 선언을 기억하시나요? 이제 더는 북한과 적대적 대결 관계를 갖지 말자, 북한을 우리의 적으로 삼지 말고 통일을 위해서 북한과 함께 가는 동반자로 가자, 동반자 선언을 한 겁니다. 노태우 대통령은 그 당시 세계적으로 사회주의가 붕괴하고 탈냉전 시대로 전환하는 기류를 인식하고, 북한과 직접 대화가 안 되니까 중국과 소련(현 러시아)을 통해 한반도 평화를 만들겠다는 북방 외교를 펼쳤습니다. 그리고 노태우 정부는 남북 본합의서를 채택했죠.

이기헌 그리고 김대중, 노무현 정부에서 그 꽃을 피웠다고 할 수 있겠지요?

김창수 김대중 대통령은 햇볕 정책을 통해 6.15 남북공동선언을 채택했습니다. 노무현 대통령은 김대중 대통령의 그 정신을 계승해서

10.4 남북정상회담으로 이어지게 됩니다. 노무현 대통령 시절은 남북관계를 더욱 튼튼히 다져가는 시기였다고 할 수 있습니다.

김영삼 대통령을 빠뜨렸군요. 지금 우리 대한민국의 통일방안의 핵심은 노태우 대통령 때 기초를 만들고 김영삼 대통령 때 완성한 '민족공동체통일방안'이라는 것입니다. 1단계 화해·협력 단계, 2단계 남북 연합 단계, 3단계 통일국가 완성 단계라는 장기적 비전을 제시했습니다. 지금과 같이 남북한의 대결이 심한 상황에서는 교류 협력, 화해 협력을 함으로써 두 체제가 서로 공존하는 남북 연합을 하고, 통일은 장기적 과제로 삼는 이런 통일방안이 매우 유효하다고 생각합니다.

이기헌 박근혜 정부 시절에는 어떤 정책이 있었나요?

김창수 박근혜 대통령도 미중 경쟁의 시대에 한중 정상회담을 진행하고 열병식에 참여하는 등 천안문 광장에 섰었죠. 나름대로 용기 있고 배포 있는 모습을 보여주기도 했었습니다.

이기헌 지금까지 말씀을 종합해 보자면, 역대 정부가 우리 헌법에서 약속하고 있는 평화적 통일에 대해서 말뿐이라 하더라도 국민적 합의를 만들기 위한 노력을 이어 왔다는 것 아니겠습니까? .

김창수 네, 그렇죠. 그런데 지금의 윤석열 정부는 이렇게 노력해 온 100년의 남북평화 흐름을 이탈하고 퇴보하는 정책을 펼치고 있다고 생각합니다.

이기헌 최근에 홍범도 장군 흉상 철거 문제가 사회적 이슈입니다. 아마도 이 인터뷰가 활자화하여 책으로 엮일 때쯤엔 철거가 되어 있겠죠. 자세히 살펴보면 윤석열 정부는 굉장히 우경화돼 가고 있다는 생각이 많이 듭니다. 본인을 지지했던 극우 유튜버, 극우 역사학자들, 뉴라이트 인사처럼 역사에 대해 후진적·편향적 평가를 하는 인물들이 대거 등용되고 있습니다. 임기 초기보다 점점 더 급진적으로 우경화되어 가고 있다는 생각이 드는데 이 부분에 대해서는 어떻게 생각하십니까?

김창수 우경화라는 표현이 부족할 정도죠. 오른쪽으로 한참 가 있다고 생각합니다. 대한민국은 그야말로 다원주의 나라이기 때문에 '새는 좌우의 날개로 난다'는 이영희 선생의 말처럼 좌우의 균형을 맞춰야지 대한민국이 발전할 수 있다고 생각하는데 그렇지 못한 것이 안타깝습니다.

이기헌 그렇게 보면 준비가 안 된 대통령이라고 볼 수 있겠지요. 선출직 경험은 없고, 사실 선출직과 임명직의 성격은 완전히 다르니까요. 선출직이라는 건 국민을 직접 만나고 국민과 대화하며 국민 속에서 국민의 아픔과 어려움을 느껴 가면서 국가를 어떻게 운영해 나갈 것인지를 판단하고 경험하는 자리라고 생각합니다. 그런 상태에서 어쩌다 대통령이 된 것이죠.

김창수 그러다 보니 검찰식으로 대한민국을 운영하고 있습니다. 검찰이 대한민국의 핵심 기구 중 하나이기는 하나 검찰이 국가를 운영할 능력이 있는 것은 아니지요. 그러다 보니 지금 내부적으로 여러 가지 문제에 봉착했을 겁니다. 그가 확 달라진 건 2023년 1월 신년사와 기자회견 자리에서였습니다.

대선 때 윤석열 캠프에서는 극단적으로 가지 않겠다고 했습니다. 내부에 합리적 세력들이 존재하기 때문에 극단적 흐름을 자정할 수 있다고 자신했습니다. 적어도 핵무장 등을 주장하지는 않겠다고 단언했습니다.

이기헌 그런데 새해 첫마디가 '핵무장'이었단 말씀이지요.

김창수 네, 그렇습니다. 2023년 들어서부터 윤석열 대통령은 오른쪽 끝을 향해서 마구 달리기 시작한 듯 보입니다. 작년 연말부터 정치권 영상이나 여의도를 취재했던 기자들 이야기를 들어보면, 용산 내부에 검찰과 이른바 윤핵관 사이에 갈등이 생기면서 그 틈을 이용해 과거 이명박 정부 사람들이 많이 진출했습니다. 이명박 정부 때 뉴라이트 세력이 부각되었는데, 그들이 윤석열 정부에서 더 강화된 뉴라이트 색깔을 입힌 것으로 보입니다. 이제 그들의 목소리가 2023년부터 시작된 것이고요. 움츠리고 있던 뉴라이트 세력이 절치부심해서 극우 유튜버들과 함께 윤석열 정부에 메시지를 넣는 것으로 생각됩니다.

이기헌 맞습니다. 윤석열 정부가 출범한 뒤 용산의 비서진들은 대부분 검찰 측과 윤핵관으로 대표되는 장제원 의원의 비서진들로 채

워졌습니다. 그런데 불과 몇 달 지나지 않아 보안을 이유로 대거 자리를 떠나죠. 그 빈자리를 검찰 수사관들과 극우 성향의 유튜버들이 대거 채운 것으로 보입니다.

검찰 시절의 윤석열 대통령은 술과 사람을 좋아할 뿐 꽉 막힌 사람은 아니라는 평가가 많았습니다. 그런데 대통령 당선 후 특히 집권 2년 차에 들어서 문재인 정부 시절 보여주었던 것과 완전히 다른 경도된 사상적 경향을 보여주고 있지요. 이념이 제일 중요하다는 말도 안 되는 표현을 쓰면서 본인 스스로 굉장히 극우로 가고 있는 상황입니다. 이제 앞으로 다가올 윤석열 정부의 국정 운영 기조가 한국 사회를 어떻게 변화시킬지, 외교 관계를 비롯한 안보 문제를 얼마만큼 수렁에 빠뜨릴지 걱정이 큽니다. 이에 대해 한 말씀 부탁드립니다.

김창수 제가 공직 생활 시절엔 사람과의 관계가 굉장히 제한적이었습니다. 말을 매우 조심했어야만 했던 입장이었으니까요. 이제는 자유롭게 고향 친구, 대학 친구들을 만납니다. 그들과는 정치적 성향으로 맺어진 관계가 아니기 때문에 다양한 견해들을 갖고 있지요. 그러나 대부분이 민주주의와 시장경제를 지지한다는 점, 대한민국이 세계에서 좀 더 두각을 나타내고 우리 국민이 잘 먹고 행복하게 살았으면 하는 평범한 바람을 갖고 있다는 점에서는 모두 일치합니다. 그중에는 민주당을 딱히 지지하지 않는 친구들도 있는데요. 문제는 이 친구들이 윤석열 정부를 불안해한다는 것입니다.

윤석열 정부가 이렇게 대한민국의 근현대 역사의 흐름에서 이탈하고 있는 상황을 바로잡으려면 불안해 하는 중간층과 보수층의 마음을 잘 담아내, 정치로 나라를 바꿔 보겠다는 신진들이 대거 국회에 진출해야겠지요. 중간층은 윤석열 정부를 불안해 하는 만큼 민주당이 지금보다 더 잘해야 한다는 생각도 갖고 있습니다. 민주당이 조금만 더 잘하면 지지하겠다고 망설이는 중간층도 있다는 점을 총선을 준비하는 분들이 인지하고, 국회에 진출해서 역사의 퇴행을 꼭 좀 막아 주었으면 하는 바람입니다.

현재 대한민국의 국가 안보 관련 외교 정책 진단

이기헌　이야기의 방향을 좀 돌려보겠습니다. 2023년 9월 동방경제포럼이 블라디보스토크에서 진행되면서 김정은 위원장이 기차로 직접 방문했습니다. 그동안 우리는 동맹을 넘어 혈맹이라 부르는 미국과 매우 가까운 관계를 맺어 왔습니다. 그런데 윤석열 정부에서 한미일 군사협력이라는 표현으로 묶으면서, 남북관계가 경직될 수밖에 없는 처지에 놓였습니다. 그러다 보니 당연히 반작용도 생겼고요.

　그동안 북한은 중국, 러시아와 경제협력을 많이 해왔습니다만 북한의 제재 이후, 특히 우크라이나와의 전쟁으로 러시아도 제재에 놓여 있는 상황에서 양국 간의 경제협력은 굉장히 아주 작은 부분에서만 이루어졌다고 볼 수 있습니다. 그런데 이번에 푸틴과 김정은 위원장이 만나면서 이 문제에 대처하기 위한 원칙적인 합의가 이루어지지 않을까 생각합니다.

그런데도 과연 우리가 한미일 안보동맹으로 가는 것이 적절한지, 남북관계를 중심으로 말씀해 주실 수 있을까요?

김창수 한미일 3국 정상회담을 통해서 한미일 군사협력 관계가 본 궤도에 오르게 되었습니다. 이것에 대해서 전문가들과 언론에서는 준 군사동맹이다 또는 유사 군사동맹이라고 평가하고 있습니다. 전통적 군사동맹과 똑같지는 않겠지만 거기에 버금가는 유사한 동맹이라는 것입니다.

저는 감히 '한미일 군사 신 동맹'이라고 평가하고 싶습니다. 냉전 시대 때 한미 동맹은 1953년에 만들어졌습니다. 70년 전에 만들어진 동맹이 21세기의 동맹과 성격이 같을 수 있겠습니까? 전 진화된 한미일 군사동맹이라고 생각합니다.

역사적으로 한미일 동맹의 필요성은 미국과 일본이 제기했습니다. 예를 들어 설명해 봅시다. 냉전 시대 미국과 중국이 대립하다가 수교를 한 후에는 중국을 WTO에 가입시키기까지 했습니다. 중국과 무역이 이루어지는데 과연 한미일 동맹이 필요하겠습니까? 미국이 중국을 WTO에 끌어들일 때는 세계 질서를 미국 주도로 끌고 가겠다는 의미가 있었을 겁니다. 미국 입장에서 중국을 견제할 필요가 있을 때 군사동맹이 부각하였다는 겁니다. 1949년 중국 공산당 혁명, 1950년 한국전쟁 같은 시기 말입니다. 1980년대 미국에 레이건 보수 정권이 들어섰고, 일본은 보수 우익의 아버지라 불리는 나카소네 수상과 우리나라 전두환 정권이 들어섰을 때 한미일 삼각 군사동맹을 시도했지요. 북한과 싸우자는 레이건 대통령의 강력한 주장으로 말입니다.

그리고 이제 바이든 정부에서도 급성장하는 중국을 억누르기 위해 삼각 군사동맹을 그들의 필요에 따라 강화하고 있다고 생각합니다.

이기헌 그런데 돌이켜보면 과거에도 동맹을 시도할 때마다 성공한 것은 아니었지요?

김창수 한국전쟁 직후에는 우리가 일제 강점으로부터 해방된 지 얼마 되지 않았기 때문에 한미일 삼각 군사동맹을 만들 여건이 아니었습니다. 1951년에 미일 군사동맹이 맺어지고 1953년에 한미 군사동맹을 따로 체결할 수밖에 없었던 것입니다. 레이건 대통령 때가 전두환 정권과 맞물려 삼각 군사동맹을 맺을 절호의 기회이기는 했습니다. 하지만 우리 국민이 그걸 용납할 수 없었습니다. 그런데 그걸 작금의 윤석열 정부가 맺어 버린 겁니다.

이기헌 러시아의 우크라이나 침략으로 전 세계가 공분하고 있고, 미국은 러시아에 대해 강력한 정책을 펼치고 있습니다. 여기에 북한도 스스로 군사적 능력을 강화하려는 정책을 펼치고 있는데요. 이 부분에 대해서는 어떻게 생각하십니까?

김창수 한미일 동맹이 공고해지니 당연히 반작용으로 중국, 러시아, 북한도 군사협력을 강화해 나가는 거 아니겠습니까? 앞으로 한미일 군사훈련도 하겠다는데, 북한도 유사한 군사훈련이 빈번해질 가능성이 매우 커졌습니다. 한반도를 사이에 두고 한미일과 북중러

가 군사훈련을 하면 우리나라 안보 환경이 매우 위험한 상황에 놓이게 된다고 볼 수 있습니다.

이것을 '안보 딜레마'라고 합니다. 우리가 안보를 강화하면 할수록 상대방도 우리에 맞서 군사력을 강화한다는 거죠. 우리가 안보를 강화할수록 안보 불안 상태가 커지는 딜레마가 발생한다는 것입니다. 냉전 시대가 끝나고 서로 협력하고 의존하는 시대에 이렇게 상호 확장 파괴의 관계로 치닫는 게 심히 우려스럽습니다. 이러한 대결 구도를 그대로 용인하기 때문에 우리 미래가 정말 답답합니다.

이기헌　그동안 우리 국민과 해외동포들이 피땀 흘린 노력을 통해서 우리 대한민국은 선진국의 문턱을 넘어섰습니다. 세계인들이 좋아하는 매력적인 국가이기도 하고요. 그런데 이렇게 군사 충돌의 위험에 놓이게 된다면 불안한 나라라는 이미지로 전락하고 맙니다.

김창수　그렇기 때문에 저는 이런 상황을 무조건 막아야 한다고 생각합니다.

이기헌　우리가 청와대에서 함께 고민했던 평화 안보 이야기도 짚어 보죠. 하노이에서 문재인 정부가 가지고 왔던 한반도 평화 프로세스의 거대한 작업이 브레이크가 걸리게 됐는데요. 하노이에서 미국과 북한의 회담이 결렬된 결정적인 판단의 근거는 무엇이라고 생각하십니까?

김창수　미국은 자기들 국내 정치가 우선이었습니다. 북한은 김정은 국무위원장이 결심하면 다 될 거라고 생각하는 이른바 '수령 무오류주의'가 있었고요. 저는 이 두 가지가 하노이가 실패한 원인이었다고 봅니다.

하노이 회담이 열리는 2월 28일 당일 새벽 워싱턴에서는 트럼프 대통령의 집사나 다름없었던 코언 변호사에 대한 청문회가 열리고 있었습니다. 7시간인가 8시간인가 청문회가 열렸었는데요. 트럼프 대통령은 하노이에서 잠을 못 자고 워싱턴 D.C.의 청문회 상황을 주목했습니다. 트럼프 대통령의 몸은 하노이에 있었지만, 마음은 워싱턴에 있었다는 말입니다. 나중에 언론 자료를 찾아보면, 존 볼턴 전 보좌관이 하노이 회담의 합의를 결렬시키려고 했다는 의견도 있는데요. 실제 결심한 것은 트럼프 대통령이었습니다. 결심은 트럼프 대통령이, 명분을 마련해 준 건 볼턴이었던 것이지요.

트럼프 대통령이 하노이로 가기 전에 코언 청문회는 이미 예정이 돼 있었습니다. 그래서 트럼프 대통령은 참모진들에게 말합니다.

이기헌 기사에 의하면 트럼프 대통령이 북한과 딜(deal)을 하는 게 더 좋을까, 아니면 판을 깨고 내가 걸어 나와 버리는 게 더 좋을까를 물어봤다고 하죠.

김창수 참모들은 판을 깨고 싶어 하는 트럼프 대통령의 의중을 알아채고, 명분을 만들었을 겁니다. 코언 청문회가 잘못돼서 여파가 확산하면 자신의 과거 비리 문제가 다 드러날 것이고, 최악의 경우 트럼프 대통령 탄핵 국면으로 갈 수도 있었습니다. 그래서 이 청문회를 덮어 버릴 뉴스거리가 필요했다고 봅니다.

그런데 시계를 과거로 돌려보면 역대 판을 깨고 정상회담을 놔버린 사례는 없습니다. 하지만 언론은 늘 핫이슈를 좋아하기에 트럼프 입장에선 자신의 불리함을 덮으려면 정상회담에서 아무런 합의도 안 하고 걸어 나오는 것이 최고의 선택이었겠지요. 이렇게 된 데에는 미국 민주당의 책임도 피할 수 없습니다. 만약에 하노이에서 북미회담이 잘 되면 그게 트럼프 대통령의 치적이 되기 때문에 어떻게 하든지 간에 여기에 대해서는 물타기를 해야겠다고 생각했을 겁니다. 그래서 청문회 날짜도 회담 날짜에 맞춘 것입니다.

북한에도 당연히 책임이 있지요. 북한 실무진들이 사전에 조율하고 준비해야 하는데, 북한 체제의 특성상 또는 김정은 위원장이 직접 나서서 트럼프 대통령과 담판하는 것이기 때문에 실무적으로 사전에 많은 것들을 미국하고 협의하고 준비하기보다는 김정은 위원장이 탑-다운 방식으로 할 예정이었을 겁니다.

저는 이렇게 두 가지 요인 때문에 북미회담이 결렬되었다고 봅니다.

이기헌 당시 북미관계 개선에 더욱 독자적이고 힘 있는 주체로 더 나아가지 못한 점은 대단히 아쉽습니다.

최근 트럼프는 차기 대선을 준비하면서 언론 인터뷰를 통해 항상 하는 얘기가 있습니다. 본인은 김정은 위원장하고 아직도 좋은 사이라는 것이지요. 만약 재선에 성공한다면 남북관계 개선에 획기적인 성과를 마련할 수 있을 것이라 주장합니다. 그럴 수 있겠다는 생각도 들면서도, 그렇게 되면 그야말로 우리나라는 트럼프의 선의에 기대어야만 하는 위험이 있습니다. 미국의 위정자들은 미국 국내 정치에서 남북관계와 북미관계를 종속적 변수로 바라볼 뿐이지 그걸 자기들이 주요 변수로 보지 않기 때문입니다. 언제든지 뒤집어 버리고 언제든지 써먹을 수 있는 이러한 구도로 북미관계를 보고 있고 남북관계를 보고 있는데 우리가 너무 북미관계 개선에만 목맸던 게 아닌가 하는 생각이 듭니다.

남북관계는 고양시 입장에서도 논의하지 않을 수 없는 문제입니다. 고양시는 아시다시피 접경지역이기 때문에 여러 가지 성장 동력에 있어서 어려움을 겪고 있는 게 사실입니다. 수도권 규제 정책에 의해서 여러 가지 제약을 받고 있고 또한 군사시설보호구역으로 포함된 한강을 자유롭게 쓰거나 이용할 수가 없습니다.

김창수 쾌적하고 서울의 접근성도 좋은 1기 신도시의 핵심 도시이지만 그 위상에 걸맞게 발전하고 있지 못한 것이 주민들이 가장 안타깝게 생각하는 지점이라고 생각합니다.

고양시는 경제도시로 성장할 수 있을까

이기헌 분위기를 좀 바꿔 보겠습니다. '평화경제특구법'이 통과되었습니다. 내용을 보면 평화경제특구로 지정된 도시에는 여러 가지 경제적 지원 또 유치하는 기업에 대해 지원해 주겠다는 것들인데 남북관계가 이 상황이라면 어떤 기업도 유치할 수가 없습니다. 그건 지금 준비하고 있는 경제자유특구도 마찬가지입니다. 특구 지정이 돼서 수백만 평의 땅이 경제특구로 지정된다고 하더라도 들어올 수 있는 기업에는 한계가 있을 수밖에 없지요.

고양시가 안고 있는 접경지역이라는 지리적 특성으로 인해 경제 발전의 발목을 잡고 있습니다. 문제를 풀고자 할 때 제일 핵심이 평화의 안착일 텐데, 이 부분에 대해서는 어떤 의견을 갖고 계십니까?

김창수 고양시의 발전은 한반도의 평화가 직결되는데 한반도 평화의 문제를 해결해 나가기 위해서는 정치 지도자들의 노력도 굉장히 중요합니다. 특히 외교 안보 문제 같은 경우는 대통령 역할이 무엇보다도 중요합니다. 그런데 대통령 같은 최상위 권력자에게만 맡겨놔서는 안 되겠죠. 국내적인 기반이 튼튼해야 할 겁니다.

이제 당분간은 한반도 평화가 굉장히 불안한 시대가 계속 이어질 것이라고 봅니다. 불안한 상황 속에서 중요한 것은 경제적 기반이 흔들리면 안 되는데, 그에 대한 깊은 고민이 있어야 한다고 봅니다. 저는 고양 시민이 되기 전에도 북한으로 매일 출퇴근하면서 고양시를 지나갔지요. 그때도 접경지대의 발전을 어떻게 해야 할까 그런 고민을 많이 했습니다. 비무장지대에 직접 접하지 않는 도시 중에서는 고양시하고 춘천시가 접경지역에 해당합니다.

이기헌 접경 도시로 경제적 불이익을 해소하고자 특구법을 만들었는데, 고양시도 특구법의 지원 대상 도시 중에 하나지요.

김창수 접경지역은 사실 여러 가지 2중, 3중의 어떤 불이익을 받고 있습니다. 저개발, 저소득, 저인구라는 3저의 어려움을 겪고 있습니다. 이렇게 남북한 대치 상황이 계속되면 고긴장, 고규제라는 2고의 어려움도 동반되지요. 그런데 일반적으로 접경지역이 저인구임에도 불구하고 고양특례시는 현재 인구가 108만 명입니다. 만약에 고양이 접경지역으로서 불이익이 없었다면 지금보다도 인구 규모가 더 늘어났을 겁니다. 따라서 고양시가 차지하고 있는 불이익이 그렇게 크다는 것에 대해 저는 정확하게 꿰뚫고 있어야 한다고 생각합니다.

이기헌 마찬가지 이유로 이 접경의 정치인들은 접경 도시가 갖는 지역의 한계를 알리고, 다른 지역보다도 훨씬 더 능동적이고 적극적으로 이 한반도의 군사적 긴장을 완화하고 평화를 정착시키는 문제에 대해서 노력을 많이 해야 한다고 생각합니다.

김창수 개성으로 출근하던 시절을 얘기해 보겠습니다. 판문점 북쪽 지역은 그냥 허허벌판입니다. 우리가 보통 DMZ는 사람이 출입하지 않는 지역이니까 무성한 숲으로 이뤄진 곳이라 생각합니다. 그런데 서부전선 지역의 경우에는 군사 작전상 숲이 우거지면 시야를 가리기 때문에 시야 확보를 위해 나무들을 다 제거해 버려 사실상 훤히 뚫려 있습니다.

이런 지역을 어떻게 개발하거나 보존하면 좋을까 생각해 보죠. 남북관계가 좋은 상태라고 가정하고 말입니다. 고양, 파주, 판문점을 잇고, 판문점에서 개성을 거쳐 해주까지 가는 자율주행 도로로 만들어 보면 어떨까요? 인근 남북 접경지역에 스마트도시로 건설하고요.

이기헌 DMZ 인근을 스마트도시를 만들고 고양시와 연계시키게
된다면, 고양시가 발전하는 데 있어 무궁무진한 가능성이 있을 수도
있겠군요.

김창수 제가 도시계획 전문가가 아니기 때문에 정확하게 말씀드릴
수는 없지만, 이런 것들이 제대로 만들어질 때 분명 고양시가 배후
도시로 든든하게 받쳐 줄 것으로 기대합니다. 고양시 단독으로 경제
상승효과를 누리기보다 연계하는 방향으로 큰 그림을 그릴 필요가
있어 보입니다. 나아가 인천-고양·파주-개성-해주로 이어지는 거
대 경제권 등을 구상해 볼 수도 있을 겁니다.

이기헌 군사적 긴장이 조성되면 조성될수록 고양시 자체에 대해서
도 도시 이미지나 브랜드 가치가 당연히 떨어질 수밖에 없으니, 이
부분도 신경 써야겠습니다.

김창수 당연합니다. 무조건 접경지역의 군사적 긴장을 완화하려는
노력을 지속해야 합니다.

이기헌 1기 신도시 일산은 아파트가 30여 년이 되면서 노후화된
주택 문제가 수면으로 떠오르고 있습니다. 일산은 당시 한꺼번에
69,000호가 공급되었습니다. 이로 인해 동시에 재건축할 수 없는 한
계가 있습니다. 노후화된 공동주택 문제를 해결하고자 단지별 논의
가 이루어지고 있는데, 일산지구 전체를 스마트도시로 설계하고 단
지별 특색에 따라 순차 개발하는 것이 현실적 대안이 될 수 있겠다

는 생각이 듭니다.

　그렇다면 고양시가 경기 북부에서 교통의 허브로 자리 잡을 때 스마트도시가 플러스 되고 항공우주 산업의 핵심으로 떠오르고 있는 UAM(도심항공교통)의 포트를 단순히 정류장이 아니라 경기 북부와 그리고 서울을 커버할 수 있는 UAM 터미널를 만드는 것도 유력하게 검토해 볼 필요가 있어 보입니다.

04

박창식

현 경제일간지 〈뉴스토마토〉 객원논설위원
전 한겨레신문 문화부장, 정치부장, 논설위원
전 국방부 국방홍보원장

대한민국
국군, 해군, 공군의 역사

—

이기헌 오늘 박창식 님과 한반도 안보와 평화 문제, 또 접경지역의 현실적인 문제에 관해 이야기 나눠 보겠습니다. 한겨레신문에서 기자, 문화부장, 정치부장, 논설위원을 하고 국방홍보원에서 원장직을 맡기도 하셨지요. 그 분야에 전문가이시니 대한민국의 안보에 대해 의견을 여쭙지 않을 수 없습니다.

윤석열 정부 들어서서 역사 관련 이슈가 계속 대두되고 있는데요, 특히 우경화되어 가는 문제를 이야기해 볼까 합니다. 상징적인 사건이 바로 홍범도 장군 흉상 이전 문제입니다. 문재인 정부 마지막 해인 2021년 8월 15일 광복절에 대한민국 국군이 앞장서서 홍범도 장군이 명예롭게 귀환했습니다. 대통령과 영부인이 현장에서 직접 유해를 맞이했고, 그 모습이 방송으로 생중계되어 국민에게도 큰 자긍심을 심어 주었다고 생각합니다. 우리 육사의 정신을 상징하는 일인데, 이전이 결정된 것에 대해 어떻게 생각하십니까?

박창식 아시다시피 홍범도 장군뿐 아니라, 김좌진, 지청천, 이범석 장군, 이회영 선생님의 흉상 모두를 이전한다는 것입니다. 그리고 육사 종합강의동 안에는 박승환 대한제국군 참령의 흉상도 있는데, 이것도 이전한다고 하더군요. 1919년 5월 3일 만주에 신흥무관학교가 설립되었습니다. 우리나라를 빼앗기고 만주로 건너간 분들이 나라를 되찾기 위해 만든 학교입니다. 그 학교를 세운 분이 바로 이회영 선생님입니다. 신흥무관학교에서 교관으로 활동했던 분들, 배출된 인력이 봉오동 전투, 청산리 전투를 승리로 이끌었습니다. 육사에 흉상으로 세워진 이 다섯 분이 모두 그러한 역사를 담고 있는 분들인데, 모조리 철거한다고 하니 당황스럽습니다.

이기헌 독립운동에 대해서는 국민의 역사관이 거의 일치하는 편인데, 왜 윤석열 정부와 국방부가 이 문제를 대두시킨 걸까요? 역사 논쟁이 유발될 걸 뻔히 예측했을 텐데도 말이지요.

박창식 2022년 윤석열 정부 출범 후 육사 차원에서 교내 조형물에 관해 재조정, 재검토할 위원회를 구성했던 것 같습니다. 또 국회 국방위원 중에 국민의힘 신원식 의원이 앞장서서 홍범도 장군 흉상 관련하여 문제 제기를 많이 했던 걸로 알고 있습니다. 전체적으로 대통령실이나 안보실에서 2017년, 2018년 역사를 재조명하고 흉상을 세우는 과정에 문제가 있다고 생각하는 분들이 좀 있는 것 같습니다. 정권이 바뀌고 나니 그 당시의 생각을 일시에 표출하는 듯합니다.

이기헌 대한민국의 정통성, 정부 수립과 관련해서 헌법에서 정하고 있음에도 이런 내용을 자꾸 뒤집으려고 하니 국민이 동의하지 못하고 의아해하는 것 같습니다. 식민지 시절에도 분명히 광복 투쟁이 있었고, 그것이 독립군으로 이어져 지금의 대한민국 군대가 만들어졌다고 봐야 하는데요. 흉상 이전을 주장하는 분들은 미군정 시기에 만들어진 국군의 모델을 국군의 출발로 보고 있는 것 같은데, 어떻게 생각하십니까?

박창식 대한민국은 헌법에 임시정부와 우리 독립운동의 정신을 계승한다고 되어 있습니다. 이런 방식으로 문제를 처리하면 안 된다고 생각합니다. 과거 수백 년 동안 식민지를 겪으면서도 독립 투쟁의 역사가 짧은 나라도 더러 있습니다. 그에 비해 우리나라는 식민지 역사도 짧고, 그 짧은 기간에 나라를 되찾기 위해 매우 뜨겁게 투쟁했던 독립운동의 역사와 전통을 가지고 있습니다. 이러한 역사와 전통을 살려야죠. 그런데 왜 이런 걸 약화하려고 하는지 이해 안 됩니다.

이기헌 대한민국의 법통은 독립군, 광복군, 국군으로 이어지는 게 맞다는 시각이군요.

박창식 문재인 정부에서 2017년, 2018년 군의 뿌리와 정통성을 되찾기 위해 역사 작업을 하고 정리했다고 많이들 알고 있는데, 그전에도 독립군을 우리 군의 뿌리로 기념하려고 했던 시도는 계속 있었습니다. 1945년 해방이 되고 미군정은 대한민국이 추후 정부 수립을 하게 되면 각종 정부 부처를 만들어야 하는데, 그 기초를 닦고자 했습니다. 그때 국방부 전신 성격으로 통위부를 만들면서 광복군 지휘관이었던 이범석 장군을 통위부장으로 임명하려고 했습니다. 이범석 장군은 고사했죠. 대신에 역시 광복군 출신인 유동열 장군을 추대하면서 광복군의 맥을 이어 간다는 취지를 살렸지요. 그걸 미군정도 인정한 거고요.

이승만 정부가 수립되었을 때도 그 흐름을 이어 이범석 장군을 초대 국방부 장관 겸 국무총리로 지명했고, 초대 국방부 차관도 광복군 출신의 최용덕이라는 분을 임명했습니다. 이처럼 주요 직책에 광복군 출신을 임명한 것으로 우리 군의 뿌리를 어디에 두었는지를 확인할 수 있습니다.

이기헌 1945년 당시만 해도 광복군이 군의 뿌리가 되어야 한다는 것이 사회적 합의였다는 말씀이시죠?

박창식 네, 맞습니다. 나중에 이런 의식들이 좀 약화한 부분은 좀 아쉽게 생각합니다.

이기헌 최근에 쓰신 칼럼에서 해군의 뿌리를 이야기하신 점이 인상 깊었습니다. 우리 해군의 뿌리가 친일 문제에 있어서 자유롭다고 말씀하신 부분 말입니다.

박창식 육군 이야기를 잠깐 할게요. 육군 홈페이지를 살펴보시면, 육군의 역사를 조선경비대, 조선경비사관학교부터 역사를 기록하고 있습니다. 그 미군정 때도 조선경비대 총사령관은 광복군 출신으로 임명합니다. 그런데 이후에 일본군과 만주군 출신들이 군의 요직을 차지하다 보니 국군의 뿌리를 교육하고 계승하는 것이 약화한 듯합니다.

해군사관학교에서는 손원일 제독을 중심으로 해군 창설 과정을 자세히 교육하고 기념한다고 합니다. 손원일은 대한민국 임시정부 의정원 의장을 지낸 독립운동가 손정도 목사의 아들입니다. 본인도 독립운동에 관여한 혐의로 일제 경찰에 체포돼 고초를 겪었습니다. 손원일은 조국이 해방되면 해군을 건설하리라 일찍이 마음먹었습니다. 이를 위해 중국 해군에 입대하려고 했는데 외국인이라고 받아주지 않았죠. 대신 상하이 중앙대학 항해과에서 공부하고 독일 상선에 취업해 함부르크~수에즈 운하~요코하마~블라디보스토크 국제노선을 뛰었습니다.

1945년 8월 일제가 항복하자 손원일은 중국을 떠나 귀환합니다. 손원일은 연희전문학교 교장 유억겸을 찾아가 상의합니다. "해군 창설에 한 몸 바치려고 한다. 외국에서 오래 생활해 국내에 아는 이가 없고 군대 생활 경험도 없다." 손원일은 8월 21일 직접 풀통을 들고 서울 거리로 나가 대원 모집 벽보를 붙입니다. 같은 날 근처에서 똑같은 내용으로 다른 벽보를 붙이던 정긍모를 만나 의기투합합니다. 벽보를 보고 모여든 대원들을 중심으로 해사대 간판을 걸었죠. 1945년 11월 11일 해방병단으로 발전시켰고, 여기에 미군정이 해안경비대 지위를 공식 부여합니다. 대한민국 해군으로 가는 과정이죠.

해군 창설에는 손원일이나 정긍모처럼 서양이나 중국, 일본 상선에 근무했던 항해사, 기관사, 통신사 등 해운 전문인력이 주축을 이뤘습니다. 일본 해군이 조선인을 받아들이지 않았기에, 일본군 경력자는 있을 수 없었죠. 만주군 출신이 좀 있었는데 1949년 해병대를 만들 때 지상군 경력자라고 그쪽으로 보냈습니다. 육군, 공군과 달리 해군은 역대 참모총장 가운데 일본군, 만주군 출신이 1명도 없게 됐죠. 이런 대목을 두고 해군 장교들은 "클린 해군"이라고 표현하기도 합니다.

손원일과 창설 초기 주역들은 해군 문화에서도 근대적 기풍을 세우려고 노력합니다. 손원일은 외국 상선 사관과 해군 선진국 영국 문화를 보고 '해군은 신사(gentleman)여야 한다'라고 생각했습니다. 그는 명예와 신의, 약자 보호를 실천하는 '신사 해군'을 강조했습니다. 신사는 곧 선비죠. 선비 사(士) 한자를 열 십(十)과 한 일(一)로 나누면 숫자 11이 나옵니다. 이런 계산으로 11월 11일을 해방병단 창설일로 택했습니다.

이기헌 공군의 뿌리에 관해서도 설명해 주실 수 있을까요?

박창식 공군 창설에는 7분이 주역으로 참여했습니다. 최용덕 초대 국방부 차관도 이 7분 중 한 분입니다. 이분 포함해 2명이 중국 공군에서도 활동하고 광복군에서도 활동했던 분입니다. 다른 4명은 일본 육군 항공대 경력자이며, 나머지 1명은 민간 조종사 출신입니다. 광복군, 중국 공군, 일본 항공대 등에서 활동한 분들이 창설의 주역이 된 것이지요. 이렇게 복합적이긴 해도 공군은 그 뿌리를 임시정부 차원에서 벌인 항공 독립운동에 두고 있습니다.

임시정부 시절 노백린 장군이 군무총장을 맡았습니다. 임시정부의 국방부 장관인 셈이지요. 이분은 나라를 되찾으려면 공군력이 필요하니 우리가 공군을 양성해야 한다고 주장합니다. 그 당시로는 굉장히 혁신적인 생각이었습니다. 우선 조종사를 양성하고, 그다음엔 비행기를 확보하고, 조종학교를 설립하려고 합니다. 그때 미국 캘리포니아에서 활동하던 김종림이라는 한인 청년 사업가가 거액을 기부합니다. 김종림은 군량미로 유럽에 수출할 목적으로 쌀농사를 지어 큰돈을 벌었습니다. 노백린과 김종림은 캘리포니아 윌로우즈라는 곳에 대한민국 임시정부 윌로우즈 비행학교를 설립합니다. 한인 청년들은 이곳에서 일본 도쿄 왕궁을 폭격하겠다는 각오로 군사훈련을 받았죠. 그 지역에 홍수가 닥쳐 김종림이 사업에 타격을 입으면서 비행학교는 1년쯤 뒤에 문을 닫습니다. 의미는 컸죠. 오늘날 대한민국 공군은 윌로우즈 비행학교가 대한민국 공군의 기원이라고 기념하고 교육도 하고 있습니다.

이기헌　제가 전혀 몰랐던 사실입니다. 각 군의 역사의식과 뿌리가 조금씩 다르게 평가되는 면이 있군요.

박창식　공군에 대해서 한 가지 덧붙일 이야기가 있습니다. 도산 안창호 선생도 우리 비행기를 구매하자는 운동을 매우 열심히 추진했습니다. 모금도 하고, 당시 항공 선진국과 접촉해서 비행기를 구매하려고도 했지요.

공군 창설에 주역 중에는 여성도 있습니다. 여성 조종사 권기옥입니다. 이분은 평양에서 학교에 다니면서 독립운동을 했고, 중국으로 건너가 중국의 공군 양성 학교에 들어갑니다. 졸업해서 중국 공군 조종사가 되지요. 자기 손으로 도쿄 천황궁에 폭탄을 떨어뜨리겠다는 것을 신조로 삼고 중국 공군 조종사로 활동합니다. 이후 임시정부에도 참여하다가 해방 뒤 대한민국 공군이 창설될 때 자문위원의 역할을 합니다. 여성 독립운동 차원에서도 훌륭한 분이시면서 현재 공군에서도 뿌리로 삼고 기념하고 있지요. 정리해서 말씀드리자면, 대한민국 공군을 창건할 때 광복군, 일본군, 중국군 출신자 모두가 참여했지만, 항공독립운동 전통을 외면하지 않고 교육하고 기념한다는 점입니다.

한반도 평화 프로세스 정책

이기헌 대한민국 국군의 주역이 되는 육군, 해군, 공군의 뿌리에 관한 이야기를 잘 들었습니다. 이와 관련해서 현재 한반도 평화에 대해서도 의견을 여쭙겠습니다.

문재인 정부의 한반도 평화 프로세스 정책이 2018년, 2019년 큰 성과를 봤다가 미국과 북한 간에 협상이 결렬되고 코로나가 오면서 북한은 대외적 통로를 다 닫아 버렸습니다. 이에 따라 실질적으로 저희가 생각했던 과정으로 가지 못한 아픈 기억이 있는데요. 북한은 핵을 고도화하고 핵 투발 수단을 여러 가지 단위들을 개발하면서 상대국이라고 생각하는 미국과 협상력을 가지려고 계속 움직이고 있습니다. 이에 윤석열 정부는 한반도가 안전하지 않다는 핵 위협론을 퍼뜨리면서 내용상으로는 한미일 군사동맹에 가까운 협력 체제를 만들었습니다. 이러한 한미일 공조가 한반도 평화에 실제로 이바지할 수 있다고 보시는지요?

박창식   북한의 군사적 위협을 염려하지 않을 수 없죠. 그런 위협을 잘 억제하고 관리해야 한반도 평화를 유지하겠지요. 한미일 군사협력을 이야기하셨는데요. 한국군 역량이 상당히 발전한 점을 먼저 생각해야 합니다. 한국군이 능력이 없는 게 아니에요. 우수한 인력이 장교와 부사관을 맡고 있고 사병 학력도 세계 최고입니다. 방위산업 발전과 함께 장비도 확충했죠. 게다가 우리와 동맹국인 미국은 세계에서 가장 강력한 군사력을 갖고 있습니다. 역량이 성장한 한국군과 세계 최강인 미군이 힘을 합치고 있는 겁니다. 북한 위협을 억제하는 데 이 정도 해서 부족할까요? 일본에까지 도움을 받아야 할까요? 저는 한미 동맹을 유지하고 발전시키기만 해도 북한 위협을 억제하는 데 크게 부족하지 않다고 생각합니다.

이기헌   안보는 튼튼할수록 좋으니 여러 국가와 협조하는 게 좋지 않겠냐는 의견도 많습니다.

박창식   그래서 이제 일본도 포함하자는 입장이지요. 그런 이유로 이번 한미일 군사협력이 성사된 것일 테고요. 그런데 전 주의해야 할 지점이 있다고 봅니다.

먼저 일본은 안보백서에서 제1의 안보 위협을 중국이라고 명시하고 있습니다. 이런 나라와 협력을 하면 우리나라 입장에서 중국과 불필요하게 긴장 관계를 만들 수 있습니다. 거기에 일본은 독도를 일본 영토라고 주장하고 있습니다. 우리와 협력관계에 놓이면서도 이 주장을 버리지 않고 더욱 강도 높게 밀어붙이고 있지요. 이런 일본과 우리가 안보협력을 한다고 해군을 포함해 연합훈련을 하자는 거잖아요. 복잡할 문제가 생길 가능성이 있습니다.

이기헌 한미일 군사협력 관계가 경제에 미칠 영향도 이야기하지 않을 수 없는데요. 우리나라는 개방형 통상국가를 지향하고 있는 상황에서 중국이 주요 교역 대상국 아니겠습니까. 지금은 좀 어려운 상황에 부닥쳤지만요. 또 러시아와는 에너지 개발 문제나 북극항로 개척 문제 등 여러 이해관계에 놓여 있음에도 우크라이나 전쟁에 우리가 일정 부분 개입하면서 러시아와 각을 세우는 모양새입니다. 한미일 안보 동맹이 구축되면서 중국과 러시아가 예전과 다른 태도를 보이는 것이 매우 우려스럽습니다. 미국 중심의 군사력 체계의 한 축에 우리가 참여하고 한 방향의 안보 시스템을 갖추는 것이 한반도 평화와 안보에 도움이 될지 의구심이 생깁니다.

박창식 국제 안보 정세 차원에서는 미국과 중국의 세력 경쟁이 가장 중요한 이슈이죠. 해마다 싱가포르에서 샹그릴라 대화가 열리는데, 세계 여러 나라 국방 장관들이나 안보 전문가들이 대화하는 국제 포럼입니다. 여기에 가 보면 미국과 중국이 경쟁하는데 어느 편에 가담해야 하는가를 고민하는 이야기는 별로 없고요. 미국과 중국이 너무 심하게 경쟁하고 있는 게 문제다, 국제질서에 안정을 해칠 수 있다, 이런 문제점을 완화할 필요가 있다고 미국과 중국에 촉구하는 의견을 많이 접할 수 있습니다. 미국과 중국이 대립하고 경쟁하는 와중에 다른 나라에 경제나 안보 면에서 위험 요소가 생길 수 있다고 보는 거죠. 그런 상황에서 자국이 위험을 회피하는 방법을 주로 고민하고 있음을 알 수 있습니다.

독일이나 프랑스 같은 나라는 대외 전략에 관한 공식 문서를 발표할 때, 안보 문제에 대해서는 중국과 어떤 관계를 취하고 경제 문제에서는 어떠어떠한 식으로 협력관계를 취하고 환경 문제라든가 기후 위기 문제 이런 문제에 대해서는 좀 더 긴밀하게 협력하겠다는 식으로 정리합니다. 한마디로 적과 친구를 구분하는 단선적인 사고방식을 취하지 않는 것입니다. 이런 면이 분명 우리나라에 시사하는 점이 있을 것으로 보입니다.

이기헌 철저하게 국익 중심의 판단을 한다는 거군요. 그러면서 세계의 군사적 안전의 틀은 깨지지 않기를 바라고요. 안전의 틀을 깨고 있는 건 오히려 미국과 중국의 과도한 대결 구도이겠지요.

말씀하신 것처럼 우리가 그렇게 자국의 국익을 중심으로 판단해야 할 텐데, 북한이 핵을 고도화하고 있는 상황에서 비핵화 평화의 길로 끌어가기 위해 한반도의 노력이 더 필요할 때라고 생각합니다. 그런데 윤석열 정부는 우리나라와 이해관계가 상충하는 일본을 끌어들이는 시스템을 만들었습니다. 이 시스템에서 우리나라가 똑같은 발언권을 갖고 있다면 그나마 인정하겠지만, 굉장히 미국 종속주의적이고 일본의 하위 개념으로 참여하고 있는 듯해 걱정됩니다. 이렇게 되면 전쟁의 위기 같은 비상 상황에서 우리나라가 스스로 결정권을 가질 수 없다는 것 아닙니까?

박창식 아무래도 그런 위험성을 배제할 수는 없겠지요.

이기헌 윤석열 대통령이 최근에 힘에 의한 평화를 주장하고 있습니다. 이것이 과연 한반도의 안정성을 가져올 수 있을까요?

박창식 평화를 유지하기 위해 힘은 꼭 필요하다고 생각합니다. 우리의 군사 역량을 강화하고 군사적 대비 태세를 늘 튼튼히 점검해야 합니다. 하지만 힘만 가지고 평화가 유지되는 것인가에 대해서는 생각할 필요가 있습니다.

미소 냉전시대를 생각해 봅시다. 그 당시에 서로 핵무기를 다량 확보하고 서로를 조준하고 있었습니다. 하지만 핵무장만으로 평화뿐만 아니라 자국의 안보를 보장할 수 없음을 서로 미국과 소련 양쪽이 깨달았죠. 그래서 오해에 의한 전쟁을 막기 위해 상호 간에 비상 핫라인을 만들고 나아가서 군비통제 협상도 했습니다. 핵무기 숫자를 단계적으로 줄이기도 했죠. 평화를 유지하려면 군사적 힘을 갖추는 동시에, 서로 간에 군사력을 사용할 이유를 줄이기 위해 상대방과 대화를 병행하는 게 꼭 필요합니다.

지난 정부에서 9.19 군사합의를 하지 않았습니까. 합의사항 가운데 남북 사이의 우발적 충돌을 막기 위해 군사분계선을 중심으로

쌍방 5km 지점에서는 포병 사격 훈련을 하지 말자는 내용이 있는데요. 훈련 중 포를 잘못 쐈다가 의도하지 않는 충돌로 확대될 가능성을 막으려고 안전장치를 만든 것입니다. 군사적 대비 태세는 강화하면서, 남북한이 충돌하지 않도록 하는 안전장치를 남북대화를 통해 만든 거죠. 평화를 위해선 투 트랙 노력이 필요합니다.

이기헌 최근 윤석열 정부에서는 9.19 군사합의의 효력이 다했고, 실제로 북한이 여러 차례 합의를 위반했기 때문에 이걸 깨야 한다고 주장합니다. 그러나 한반도 안전을 위해 그 군사합의의 가치가 실질적인 의미가 있다고 보시는 것이지요?

박창식 포병 사격 훈련 구역을 제한한다든가 해안포에 덮개를 씌우는 사항 등은 충돌을 예방하는 아주 세심한 장치입니다.

이기헌 제가 안보실에 근무할 때 판문점도 가 보고 폐쇄된 GP도 방문했거든요. 북측에서는 상징적인 GP를 폭파했고. 실질적인 비무장지대 역할을 하게 했지요. 이렇게 해서 우발적 사고가 생기지 않도록 관리했던 것인데, 그 당시엔 남북 간의 긴장이 이렇게 해소되어 가는구나 하는 생각에 마음이 설렜습니다. 그런데 지금은 남북 군사 핫라인이 묶여 있는 상태고, 양 정부의 공식 대화 채널이라고 할 수 있는 대한민국 국정원과 북한의 통전부가 대화의 문을 닫아 놓고 있지요. 우발적 충돌이 전면전으로 비화할 개연성이 없다고 하기 어려운 상황인 듯합니다.

경제 문제로 다시 돌아가서요. 개방형 통상국가가 한국의 경제 기조였다고 보는데요. 자원이 부족하고 노동력이 풍부했던 60~70년 대, 그리고 IT를 중심으로 한 과학기술이 발전했던 80~90년대 한국 경제의 비약적인 성장의 핵심은 우리나라가 어느 국가의 이념과 체제에 따라서 차별하지 않고 진출했던 점이라고 생각합니다. 그렇게 활발한 통상을 통해 이만큼 경제 강국으로 우뚝 설 수 있었던 것인데요. 이것은 세계적으로도 기적이라고 평가받고 있습니다.

그런데 최근 이념이 아니라 각 국가의 국익과 경제적 이익 다툼으로 다극화된 국제질서가 새롭게 형성되고 있다고 보입니다. 이러한 상황에서 우리가 세계를 양분해서 통상 정책을 유지하는 것이 한국 경제 발전에 도움이 되는 길인지 의문입니다. 우리가 너무 미국과 유럽 중심의 G7 경제 체제에만 일방적으로 종속되는 것은 아닌가 하는 두려움이 있습니다.

박창식 과거 미국과 소련을 중심으로 동서 양 진영이 대립하던 구 냉전시대에는 경제와 안보도 그 틀에서 움직였습니다. 공산권은 공산권대로 가장 많을 때는 89개국이 있었죠. 서방 진영에도 많은 국가가 경제와 안보 블록을 형성했고요. 하지만 지금은 신 냉전시대라는 말이 있을 뿐이지 실체를 보면 과거의 냉전시대와 전혀 상황이 다릅니다. 과거처럼 진영 단위로 경제와 안보를 해결하고 있지 않죠. 어느 한 진영에 가담해서 기업이 경제활동을 한다는 것은 말이 안 됩니다.

우리나라가 개방형 통상국가라는 점을 잘 말씀해 주셨는데요. 우리나라는 자원도 없고 땅도 좁았기에 무역과 투자로 먹고살아야 한다고 일찍부터 판단했죠. 국익을 늘리기 위해 진영을 가리지 않고 적극적으로 교류했습니다. 앞으로도 그 전략으로 방향을 잡고 가야 한다고 생각합니다. 어느 대륙, 어느 국가든 상관없이 상호 간에 도움이 되는 방향으로 협력해 국익을 늘려 가야 된다고 봅니다.

최근 브릭스(BRICS) 회원국이 늘었죠. 브릭스(BRICS) 회원국 GDP를 합치면 서방 G7 7개국의 GDP보다 많습니다. 이제 그런 시대이기 때문에 G7 국가뿐 아니라 브릭스(BRICS) 국가들과도 이익을 주고받으면서 국익을 최대한 늘릴 방법을 모색해야 합니다.

이기헌 얼마 전에 있었던 윤석열 대통령이 중요한 것은 이념이라고 발언했습니다. 이런 식으로 세계를 갈라치게 하려는 표현 자체가 상당히 걱정됩니다. 사실 대통령 취임 당시 자유를 외칠 때만 해도 그러한 정치적 사상을 가진 분 정도로 생각했는데, 국민 일부를 공산 전체주의자로 몰아가고 이념이 중요하다고 얘기하니 걱정되지 않을 수 있겠습니까. 본인이 가진 정책에 반대하는 사람들을 이념적으로 고립시키려고 하는 시도로 보여 대한민국이 70년대로 돌아간 것처럼 느껴질 정도입니다.

대한민국의 군, 이대로 괜찮은가

이기헌 제가 민정비서관 시절, 그때 관심을 가졌던 사건이 하나 있습니다. 당시 사회적 이슈가 되면서 군 사법체제의 개혁을 불러왔던 이예람 중사 사건입니다. 성폭행 피해자 수사에 있어서 성폭행 문제 자체가 은폐되면서 2차 가해로 이어져 결국 극단적인 선택을 했는데요. 그때 많은 국민이 공분했고, 그로 인해 군 사법 체계의 개혁 문제가 대두되었습니다. 2021년 말 군사법원법 개정을 통해 이런 사망 사건이나 성범죄 그리고 입대하기 전에 있었던 민간 범죄에 관련돼서는 1심에서부터 경찰에 즉시 이첩하도록 하는 법 개정이었습니다.

그런데 이번에 해병대 채 상병 사건이 또 생기지 않았습니까. 이 사건 관련되어 군은 아직도 군사법원법 개정의 취지를 전혀 이해하지 못한 듯합니다. 박정훈 수사단장이 충분히 개정된 법 취지에 맞게 초동 수사하고 자료를 정확하게 경찰에 이첩하려는 과정에서 국방 수뇌부와 대통령실에서 개입했다는 의혹입니다. 이 사건에 대해서는 어떻게 판단하시는지요?

박창식 박정훈 수사단장 문제로 해병전우회 회원들이 용산 전쟁기념관 앞에 모여 채 상병 사건을 진상 규명하고 박정훈 수사단장을 원대 복귀시키라고 요구했지요. 사실 저는 해병대가 자체 조사를 한다는 소식을 접하고 해병대 수사단이 윗사람은 빼고 아랫사람한테만 책임을 묻는 식으로 하지 않을까 예상했습니다. 팔이 안으로 굽는 법이니까요. 그런데 예상을 깨고 박정훈 수사단장이 해병대 사단장까지 이 문제에 책임이 있다고 조사하고 보고해서 결재도 받은 것 아니겠습니까. 장관 보고도 하고 재가 결정을 받은 것인데, 그것이 흔들리니 정말 안타까운 일입니다.

이기헌 경찰에 이첩되는 도중에 국방부 태도가 급변하면서 해병대 사령관을 통해 이첩을 중단시키려고 했는데, 이미 이첩이 되어 경찰에 이첩 보류를 통보하고 되가져 간 것이지요. 그러면서 박정훈 수사단장에게 항명 수괴죄까지 적용했습니다. 나중에는 항명죄로 바꾸었지만 군이 아직도 변하지 않은 듯합니다.

박창식 작년에 힘난노 태풍이 포항을 비롯한 동해안 지역을 강타했지요. 그 당시 포항 해병대가 상륙돌격장갑차를 도심으로 몰고 나가서 고립된 시민을 구조했습니다. 그때 굉장히 잘해서 시민들이 손뼉을 쳤죠.

그런데 올해 경북 예천 지역에 수해가 났죠. 텔레비전 뉴스를 보니 해병대 대원들이 빨간 티를 입고 손에 손을 잡은 채로 강물에 들어가 수색하는 장면이 나오더군요. 그 장면을 보고 이거 위험하다고 저는 생각했습니다. 해병대는 왜 이렇게 했을까요? 작년에 박수받았던 기억이 약이 아니라 독이 되어서, 무리한 일을 한 것 같습니다.

이기헌 작년 수해 현장의 사단장이 이번 수해 현장과 동일 인물입니다. 임성근 사단장인데, 작년에 언론에서 스포트라이트를 많이 받았습니다. 2022년 수해로 인한 조난 상황에 있는 국민을 구하는 데 군이 장비를 신속하게 투입해서 성과를 냈고 그로 인해 언론에 굉장히 많은 주목을 받았던 것 같습니다. 그 일로 용산의 격려도 받았고요. 이번 수해에도 그런 해병대의 모습을 보여주려고 위기 상황에 사병을 몰아넣었다는 생각을 지울 수 없습니다.

박창식　구조 전문조직인 소방대원들은 수해가 나서 물에 들어가야 하면, 구명조끼를 착용하고 헬멧도 씁니다. 대원과 대원을 밧줄로 다 연결하고요. 그다음에 물속에 들어가지요. 그런데 이번 수해에서는 장비도 없이 서로 손만 잡고 물속에 들어간 것입니다. 이런 장면을 사단장한테 보고하면, 사단장이 '위험하다. 즉시 물에서 다 나오도록 해라'고 지시했어야 해요. 그게 병사를 사랑하는 마음 아닌가요? 그런 점을 놓친 게 가장 안타깝습니다.

이기헌　일부 언론 보도에 의하면 해병대라는 것이 선명하게 보이도록 빨간 티셔츠만 입고 들어가라고 했다는 이야기도 있습니다. 채 상병의 가족들이 얼마나 애통해할지, 저도 자녀를 키우는 처지에서 안타까운 마음을 금할 수 없습니다.
　최근에 민방위 훈련이 부활했다는 소식 들으셨습니까? 이 민간 훈련이 왜 부활한 것인가요?
박창식　코로나19가 심해지면서 중단했었는데, 정부가 바뀌면서 북한 위협도 커지고 하니 우리 안보의식을 강화하기 위해 민방위 훈련을 활성화해야겠다고 판단한 것 같습니다.

이기헌　이것이 오히려 국민의 안보 불안을 더 가중하는 게 아닌가 하는 의구심이 듭니다. 단순히 코로나 이전에 시행하던 것으로 복귀하는 것이라면 상관없겠지만 이번 정부에서는 정말 안보 강화를 위해서인지 의심이 듭니다. 이번에 북한에서 미사일 발사 후 행안부에서 발표한 지침이 핵폭탄이 터졌을 때는 배를 깔고 누워야 한다는 식입니다. 대피소로 피하라고 하는데 정확히 어디로 피해야 하는지도 제대로 알리지 않았습니다. 정부가 국민을 무책임하게 안보 불안감으로 내모는 것이 아닌가 하는 생각이 들어 씁쓸합니다.

박창식 몇 달 전 국방부와 행정안전부가 합동회의를 할 때 핵 민방위 대피소 건설을 검토하겠다는 아이디어를 발표했습니다. 핵 공격이 있을 때 그것을 견딜 수 있는 대피소를 만들겠다는 구상이었지요. 주로 신축 아파트를 중심으로 건설하겠다는 것이었는데요. 그게 현실성이 있나 싶어 제가 글을 써서 발표한 적도 있습니다. 신축 아파트에 만든다고 하면 기존 아파트 주민들은 어디로 대피해야 하냐는 문제가 생깁니다. 그리고 신축 아파트에 만든다고 했을 때 엄청난 조성 비용은 입주자 부담이냐, 정부 부담이냐 하는 문제도 있지요. 만약 정부 재원으로 진행한다면 예산이 얼마나 들어갈 것인가의 문제도 있는데, 이런 점을 고민하지 않고 너무 쉽게 설익은 아이디어를 발표한다는 생각이 들었습니다.

참고할 선례가 있는데요. 미국 케네디 행정부 시절, 미소 간의 핵전쟁 위협이 제기되니 핵 민방위 대피소를 전국에 몇천 개 짓겠다는 안을 발표합니다. 그래서 의회에 예산을 신청하지요. 그런데 몇천 개를 만든다고 해도 미국민의 12% 정도만 수용할 수 있다고 하니, 나머지 88%는 어떻게 되는 거냐며 사회적 논쟁으로 번집니다. 결국 의회에서 예산 삭감하면서 그 논쟁은 종식되지요.

핵무기는 위력이 엄청납니다. 혹시 일부 국가시설은 지하 벙커 등을 이용해 핵 공격을 피할 수 있을지 모르겠어요. 그러나 민방위 대책으로 전 국민을 핵 공격으로부터 지킬 방법은 없다고 보는 학자들이 꽤 많습니다. 저도 같은 의견이고요.

핵 공격이든 재래식 공격이든 무조건 막아야죠. 그러려면 군사적 대비를 튼튼히 하는 동시에 서로 간에 군사력을 이용할 필요를 느끼지 않도록 대화를 병행해야 합니다.

그렇다고 민방위 훈련이 불필요하다고 생각하진 않습니다. 핵 공격보다는 재해 재난이 잇따르고 있으니, 그것에 대비하는 민방위를 활성화할 필요가 있다고 봅니다.

이기헌 매우 적절한 지적이라고 생각합니다. 핵폭발이 일어났을 때 우리가 지하철이나 아파트 지하에 숨는 것이 제대로 된 대응책인지 의문입니다. 말씀하신 것처럼 최근 집중호우 시기가 잦아지는 측면이 있어 재난 재해에 대비한 민방위 훈련을 현실화시킬 필요가 있어 봅니다. 오늘 말씀 고맙습니다.

05

신 동 호

시인
전 문재인 대통령 비서실 연설비서관

일산에서 느끼는
남북관계

—

이기헌　오랜만에 뵙겠습니다. 비서관직에서 퇴임하고 어떻게 지내고 계시는가요?

신동호　가끔 강의도 하고 글도 쓰고, 그동안 못 만난 분들도 만나면서 지내고 있습니다.

이기헌　제가 대학을 다니면서도 정당 활동을 하면서도, 이후 문재인 정부 민정비서관으로 일하면서까지 인생의 반 이상을 '평화'와 '남북관계'에 집중한 것 같습니다. 남한 집권 정당의 이념에 따라 한반도 평화 정책이 획기적인 진전을 보이기도, 몇 걸음 퇴보한 적도 있었습니다. 2018년은 남북한에 항구적인 평화 정착은 물론 통일로 가는 진일보한 진전을 이뤄냈다고 말하고 싶은데요, 윤석열 정부 들어서 몇 걸음이 아니라 수천 걸음 퇴보한 느낌입니다. 비서관님이 일반인으로 돌아와서 느끼는 지금의 남북관계는 어떤가요?

신동호 저 역시 학생운동 할 때부터 고민한 지점이고, 김대중 대통령 때부터는 남북관계 개선에 활발하게 활동했다고 자부합니다. 그런데 요즘처럼 남북관계에 대해 인식이 안 좋았던 적은 없는 것 같습니다. 제가 이번 학기에 한 대학에서 남북관계에 대해 강의하고 있는데요, 학생들은 북한 사람을 난민처럼 느낍니다. 북한 사람들이 어려운 상황에 부닥쳐 있는 것은 분명하지만, 난민은 아니거든요. 북한 주민들의 유입을 부정적인 난민 입국 문제로 바라보는 게 좀 안타깝습니다.

이기헌 한반도의 현 상황과 남북관계에 대해 더 세심하게 정리하여 학생들에게 전달할 필요성이 있어 보입니다.

신동호 접경지역에 거주하는 일산 시민이 북한을 바라보는 시각이 마냥 긍정적일 수만은 없지 않겠습니까. 그러므로 정책을 만드는 분들이 좀 더 창의적으로 접근해야 한다고 생각합니다. 세대가 많이 바뀌었으니까요.

이기헌 아시다시피 고양시는 1기 신도시로 1992년 입주를 시작하여 어엿한 특례시로 성장하였습니다. 분당과 함께 1기 신도시로 출발했지요. 그 당시 비슷한 가격으로 분양받았는데, 30년이 지난 지금 매매가는 분당의 절반 수준에 머물러 있습니다. 신도시가 쾌적하고 살기 좋은 건 분명하고 물론 상대적이긴 합니다만, 부동산 가치가 왜 상승하지 않느냐는 것이 고양시민이 가진 불만입니다. 부동산 가치에 대해 왜 불만을 토로하는가를 파고 들어가 보면, 남북관계와 일정하게 연관되어 있기 때문입니다.

신동호 남북관계가 개선될 것처럼 보이다가 끊어지고, 좋아졌다가 다시 나빠지는 등 단절된 역사가 반복되다 보니 그런 것 같습니다. 특히 북쪽에서의 군사력이 올라가고 핵 투발 수단이라든지 핵 무력이 증진되면서 접경지역에 대한 리스크가 원인이기도 하겠지요.

이기헌 고양시는 일자리 문제, 기업 유치 문제, 부동산 문제가 복합적으로 얽혀 있습니다. 성남의 경우 판교 테크노밸리 이전에 이미 네이버와 여러 기업이 입주해 있었습니다. 일산의 경우, 점유 면적으로 보아, 제일 큰 규모의 사업장이 킨텍스입니다. 그런데 킨텍스 직원이 겨우 120명입니다. 물론 암센터나 일산병원 같은 대형병원 직원 수는 훨씬 많지만, 대규모 민간 기업은 전혀 없는 상황입니다. 소규모 중소기업들은 많이 입주해 있지만, 대기업이라 할 수 있는 사업장은 단 한 곳도 없습니다.

신동호 부동산 문제, 일자리 문제는 따지고 보면 전국 어느 곳이나 공통으로 가진 고민 아니겠습니까.

고양, 파주 지역의 주민들은 학력 수준이 매우 높은 편입니다. 그런 분들이 많이 모여 산다는 것을 이점으로 삼고, 어떤 정치 지도자가 무엇을 해 주기를 기다리지 말고, 자신들의 의견을 모으고 넓혀 실현이 가능한 무엇으로 제안하는 것이 필요하다고 봅니다. 그 지역에 사는 사람들이 지역의 현안을 가장 잘 알 테니까요. 지역 주민들의 관심사가 의견 수집으로 남북관계도 변할 수 있지 않을까 생각해 봅니다.

개성공단이 폐쇄되었을 때 국민 대부분이 본인 일이 아닌 것처럼 생각합니다. 하지만 고양과 파주 분들은 그렇게 생각하지 않으시는 것 같더라고요. 특히 평화운동가분들을 중심으로 개성공단이 재개되고 철도도 다시 잇는 등 여러 방안과 요구를 내주신다면 전국적으로도 조금씩 반향이 일어나지 않을까 기대해 봅니다.

이기헌   최근 북한이 러시아, 중국과 밀착할 수밖에 없는 환경이 조성된 건 현 정부의 외교정책이 한몫했지만 다른 한편으로 생각해 보면 극한 대결의 끝에 어느 순간 북한과 미국이 직접 대화를 나누며 다시 화해 분위기가 오는 것 아닐까 하는 생각도 해 봤습니다.

신동호   저도 그런 날이 빨리 다시 왔으면 좋겠습니다.

평화의 분위기는 어떻게 만들어지는가

이기헌   문재인 정부 5년 동안 신동호 비서관님은 대통령의 말과 글을 담당하는 연설비서관의 직을 맡았습니다. 이제 일상으로 돌아오셨으니, 5년간의 소회를 말씀해 주실 수 있을 것 같습니다.

신동호   문재인 전 대통령은 인격적으로 정말 훌륭한 분이었다고 생각합니다. 하지만 제가 5년 동안 같이할 수 있었던 것은 그분은 항상 국민 중심에 서서 생각하는 지점 때문이었습니다. 그러다 보니

제 연설 작업도 국민을 위한 것을 최우선으로 두었기에 보람도 있고, 사명감도 있었던 것 같습니다.

많은 부분에서 문재인 정부는 기존 정권과 달랐습니다. 국민 입장에 서서 권력을 나눈다는 정책도 아무리 선한 의지를 갖고 펼치는 것이라 하더라도 국민이 받아들이기는 다소 어려웠던 부분이 아니었나 하는 생각도 합니다. 그러함에도 불구하고 민주주의가 발전해 나가는 과정에서 권력은 나누어져야 하고, 그렇게 나눈 권력을 받은 만큼 책임감을 느끼고 세상을 살아가야 합니다. 그런데 이런 권력기관의 개혁은 당시 상황에선 받아들일 준비가 좀 덜 되었던 것 같습니다. 이 부분만 제외한다면 저는 문재인 정부에서 이루어진 많은 활동이 대한민국의 발전을 위한 노력이었다고 평가할 수 있습니다.

이기헌 권력기관의 개혁 작업에 대해 말씀해 주셨는데요, 권력은 항상 견제와 균형이 필요한 것 아니겠습니까. 그런데 이 정부는, 우리가 심혈을 기울여 노력하고 이뤄낸 성과를 전부 뒤집으려 시도하고 있습니다. 법령으로 불가능한 건 대통령 시행령으로 뒤집고 말입니다. 또한 국민 눈높이에 한참 뒤떨어지는 인사를 요직에 앉히고 있습니다.

연설비서관으로 근무하면서 가장 기억에 남는 연설문이 있습니까?

신동호 많은 분들이 5.18 연설문을 이야기하시곤 하는데, 개인적으로 저는 6.25전쟁 70주년 연설문을 말씀드리고 싶습니다.

이기헌　그럼 6.25전쟁 70주년 연설문을 쓸 때 여느 때와 다른 에 피소드가 있습니까?

신동호　청와대 들어가기 전에는 시인으로서 좀 나이브한 삶을 살 았습니다. 그러다가 대통령 연설문을 쓰게 되었고, 그때마다 제가 임했던 마음 자세는 우리 사회가 분열되지 않고 통합을 이루어 더 많은 일을 함께하며 나아갈 수 있으면 좋겠다는 것이었습니다. 보수 와 진보 등으로 나뉘어 있는 사회를 보면서 에너지를 낭비하는 느 낌이 듭니다. 물론 서로 싸우고 부딪히는 것도 새로운 것을 만들어 나가는 데에 동력이 되기도 하지만 말입니다.

　이런 우리가 전부는 아니더라도 많은 사람이 손잡을 수 있는 계 기가 될 수 있는 것이 6.25전쟁이라고 생각했습니다. 6.25전쟁 70주 년 연설을 쓰는 데 한 6개월은 고민한 것 같습니다. 혼자 고민도 하 고, 공부도 하고, 책도 읽고요. 그런데 행사 한 달 전쯤에 대통령님 이 부르시더라고요. 어떤 방향으로 연설문을 작성하고 있냐고 물으 시더군요. 그래서 고민하는 방향을 설명해 드렸더니 고개를 끄덕이 시면서 그런 내용으로 한번 해 보자고 하셨습니다.

이기헌　미리 고민하지 않았다면 큰일 날 뻔하셨군요. (웃음) 그래 서 그 연설문 중에서도 가장 기억에 남는 부분은 무엇입니까? 어떤 부분에 주안점을 두셨나요?

신동호 단순히 어떻게 발발하게 되었는지 문제를 떠나 아픔을 공유하고 그 와중에 이뤄낸 성취도 있겠다고 생각했습니다. 어쨌든 근현대사에서 매우 큰 아픔과 상처를 이겨낸 것 아니겠습니까. 보수쪽 관점에서 이런 내용을 정치적 기제로 삼지 말고 국민 통합의 기제로 삼으면 좋겠다는 마음을 담으려고 노력했습니다. 보수 쪽의 아주 유명한 안보 담당 기자가 행사 이후 전화를 주셨더라고요. 제 뒷조사도 다 했다면서 전대협 출신인데 어떻게 그런 내용의 연설문을 썼냐고 말이지요. 진보·보수를 가리지 않고 모두의 마음을 이야기한 연설문이었다는 생각이 들어, 개인적으로는 가장 마음에 남습니다.

[2017년 6.25전쟁 제70주년 기념사 대통령 연설문]

존경하는 국민 여러분, 참전유공자와 유가족 여러분, 우리는 오늘 6.25전쟁 70주년을 맞아 백마흔일곱 분 용사의 유해를 모셨습니다. 서울공항은 영웅들의 귀환을 환영하는 가장 엄숙한 자리가 되었습니다. 용사들은 이제야 대한민국 국군의 계급장을 되찾고 70년 만에 우리 곁으로 돌아왔습니다. 슬프고도 자랑스러운 일입니다. 지체되었지만, 조국은 단 한 순간도 당신들을 잊지 않았습니다. 예우를 다해 모실 수 있어 영광입니다.

오늘 우리가 모신 영웅 중에는 이미 신원이 밝혀진 일곱 분이 계십니다. 모두 함경남도의 장진호 전투에서 산화하신 분들입니다. 고 김동성 일병, 고 김정용 일병, 고 박진실 일병, 고 정재술 일병, 고 최재익 일병, 고 하진호 일병, 고 오대영 이등중사의 이름을 역사에 새겨 넣겠습니다. 가족의 품에서 편히 쉬시길 기원합니다. 참전용사 한 분 한 분의 헌신이 우리의 자유와 평화, 번영의 기반이 되었습니다. 그리움과 슬픔을 자긍심으로 견뎌온 유가족께 깊은 존경과 위로의 말씀을 드리며 전우를 애타게 기다려온 생존 참전용사들께 경의를 표합니다. 정부는 국민과 함께 호국의 영웅들을 영원히 기억할 것입니다.

아직 우리 곁으로 돌아오지 못한 12만3천 전사자들이 가족의 품으로 돌아오는 그날까지 포기하지 않고 찾아낼 것입니다. 우리 정부는 그동안 5천여 명의 참전용사들에게 미처 전달하지 못한 훈장을 수여했고, 생활조정수당을 비롯해 무공명예수당과 참전명예수당, 전몰용사 자녀수당을 대폭 인상했습니다. 참전용사와 유가족들의 예우에 계속해서 최선을 다하겠습니다.

오늘 영현단에는 우리가 찾아내어 미국으로 보내드릴 미군 전사자 여섯 분의 유해도 함께하고 있습니다. 우리 국민들은 미국을 비롯한 22개국 유엔 참전용사들의 희생을 결코 잊지 않을 것입니다. 워싱턴 '추모의 벽'을 2022년까지 완공하여 '위대한 동맹'이 참전용사들의 숭고한 희생 위에 뿌리내리고 있다는 사실을 영원히 기리겠습니다.

제가 해외 순방 중 만난 유엔 참전용사들은 한결같이 한국을 제2의 고향으로 여기며 우리의 발전에 자기 일처럼 큰 기쁨과 자부심을 지니고 있었습니다. 미국, 프랑스, 뉴질랜드, 노르웨이, 스웨덴 참전용사들께 국민을 대표해 감사와 존경의 마음을 전했고, 태국 참전용사들께는 '평화의 사도 메달'을 달아드렸습니다. 보훈에는 국경이 없습니다. 유엔 참전국과 함께하는 다양한 보훈사업을 통해 용사들의 숭고한 희생을 기억하고 기리겠습니다. 6.25전쟁 70주년을 맞아 뜻깊은 영상 메시지를 보내 주신 유엔 참전국 정상들과 오늘 행사에 함께해 주신 각국 대사들께도 깊이 감사드립니다.

국민 여러분, 6.25전쟁은 오늘의 우리를 만든 전쟁입니다. 전쟁이 가져온 비극도, 전쟁을 이겨낸 의지도, 전쟁을 딛고 이룩한 경제성장의 자부심과 전쟁이 남긴 이념적 상처 모두 우리의 삶과 마음속에 고스란히 살아 있습니다. 70년이 흘렀지만, 그대로 우리의 모습이 되었습니다. 우리는 전쟁의 참화에 함께 맞서고 이겨내며 진정한 대한민국 국민으로 거듭났습니다. 국난 앞에서 단합했고, 자유민주주의의 가치를 지킬 힘을 길렀습니다.

'가장 평범한 사람'을 '가장 위대한 애국자'로 만든 것도 6.25전쟁입니다. 농사를 짓다 말고, 학기를 다 마치지도 못하고, 가족을 집에 남겨두고 떠난 우리의 이웃들이 낙동강 전선을 지키고 서울을 수복한 영웅이 되었습니다. 국가의 존재가치를 체감하며 애국심이 고양되었고 평화의 소중함을 자각하게 되었습니다.

어떤 난관도 극복할 수 있는 자신감의 원천도 6.25전쟁이었습니다. 참전용사들은 전쟁을 이겨낸 자부심과 군에서 익힌 기술로 전후 재건의 주축이 되었습니다. 전장에서 쓰러져 간 전우들의 몫까지 대한민국을 사랑했고, 이웃과 가족들의 긍지가 되었습니다.

그러나 아직 우리는 6.25전쟁을 진정으로 기념할 수 없습니다. 아직 전쟁이 끝나지 않았기 때문입니다. 지금 이 순간에도 전쟁의 위협은 계속되고, 우리는 눈에 보이는 위협뿐 아니라 우리 내부의 보이지 않는 반목과도 전쟁을 치르고 있습니다.

우리는 모두 참전용사의 딸이고, 피란민의 아들입니다. 전쟁은 국토 곳곳에 상흔을 남기며 아직도 한 개인의 삶과 한 가족의 역사에 고스란히 살아 있습니다. 그것은 투철한 반공정신으로, 우리도 잘살아 보자는 근면함으로, 국민주권과 민주주의 정신으로 다양하게 표출되었습니다. 그러나 모든 이들에게 공통된 하나의 마음은, 이 땅에 두 번 다시 전쟁은 없어야 한다는 것입니다. 자신이 살아가는 시대와 함께 자신의 모든 것을 헌신한 사람들은 서로를 존중하며 손잡을 수 있습니다.

우리는 6.25전쟁을 세대와 이념을 통합하는 모두의 역사적 경험으로 만들기 위해 이 오래된 전쟁을 끝내야 합니다. 전쟁의 참혹함을 잊지 않는 것이 종전을 향한 첫걸음입니다. 70년 전 이 땅의 자유와 평화를 위해 목숨 바친 유엔 참전용사들과 평화를 사랑하는 세계인 모두의 염원이기도 합니다.

1950년 6월 25일, 유엔 안전보장이사회는 전쟁 발발 10시간 만에 결의문을 채택해 북한군의 침략 중지와 38도선 이북으로의 철수를 촉구하고, 한반도의 평화와 안전의 회복을 위해 역사상 최초의 유엔 집단안보를 발동했습니다. 세계가 함께 고귀한 희생을 치렀습니다. 지금 우리에게 필요한 것은 오늘의 자유와 평화, 번영의 뿌리가 된 수많은 희생에 대한 기억과 우리 자신에 대한 자부심입니다. 독립선열의 정신이 호국영령의 정신으로 이어져 다시 민주주의를 지켜내는 거대한 정신이 되었듯 6.25전쟁에서 실천한 애국과 가슴에 담은 자유민주주의를 평화와 번영의 동력으로 되살려내야 합니다. 그것이 진정으로 전쟁을 기념하는 길입니다.

국민 여러분, 6.25전쟁으로 국군 13만8천 명이 전사했습니다. 45만 명이 부상당했고, 2만5천 명이 실종되었습니다. 100만 명에 달하는 민간인이 사망, 학살, 부상으로 희생되었습니다. 10만 명의 아이들이 고아가 되었으며, 320만 명이 고향을 떠나고, 천만 명의 국민이 이산의 고통을 겪어야 했습니다. 전쟁에서 자유로울 수 있는 사람은 단 한 명도 없었습니다.

  민주주의가 후퇴했고, 경제적으로도 참혹한 피해를 안겼습니다. 산업시설의 80%가 파괴되었고, 당시 2년 치 국민소득에 달하는 재산이 잿더미가 되었습니다. 사회경제의 기반과 국민의 삶의 터전이 무너졌습니다. 전쟁이 끝난 후에도 남과 북은 긴 세월 냉전의 최전방에서 맞서며 국력을 소모해야만 했습니다. 우리 민족이 전쟁의 아픔을 겪는 동안 오히려 전쟁특수를 누린 나라들도 있었습니다. 그러나 우리에게 전후 경제의 재건은 식민 지배에서 벗어나는 것만큼이나 험난한 길이었습니다. 처음에는 원조에 의존해 복구와 재건에 힘썼고 경공업, 중화학공업, ICT 산업을 차례로 육성하며 선진국을 따라잡기까지 꼬박 70년이 걸렸습니다.

  6.25전쟁을 극복한 세대에 의해 우리는 '한강의 기적'을 이뤘습니다. 전쟁이 끝난 1953년 1인당 국민소득 67불에 불과했던 대한민국이 폐허에서 일어나 국민소득 3만 불이 넘는 세계 10위권 경제 강국으로 발전했습니다. 원조를 받던 나라에서 원조를 주는 나라가 되었고, 추격형 경제에서 선도형 경제로 탈바꿈하고 있습니다. 코로나 극복 과정에서 세계가 주목하는 나라가 되었습니다. 이제 국민이 지켜낸 대한민국은 국민을 지켜낼 만큼 강해졌습니다. 평화를 만들어 낼 만큼 강한 힘과 정신을 가졌습니다. 우리 군은 어떤 위협도 막아낼 힘이 있습니다. 철저한 대비 태세를 갖

추고 있으며 우리는 두 번 다시 단 한 뼘의 영토, 영해, 영공도 침탈당하지 않을 것입니다.

우리는 평화를 원합니다. 그러나 누구라도 우리 국민의 안전과 생명을 위협한다면 단호히 대응할 것입니다. 우리는 전방위적으로 어떤 도발도 용납하지 않을 강한 국방력을 보유하고 있습니다. 굳건한 한미동맹 위에서 전시작전통제권의 전환도 빈틈없이 준비하고 있습니다. 우리는 우리 자신의 힘을 바탕으로 반드시 평화를 지키고 만들어 갈 것입니다.

존경하는 국민 여러분, 참전유공자와 유가족 여러분, 우리는 전쟁을 반대합니다. 우리의 GDP(국내총생산)는 북한의 50배가 넘고 무역액은 북한의 400배를 넘습니다. 남북 간 체제경쟁은 이미 오래전에 끝났습니다. 우리의 체제를 북한에 강요할 생각도 없습니다. 우리는 평화를 추구하며, 함께 잘 살고자 합니다. 우리는 끊임없이 평화를 통해 남북 상생의 길을 찾아낼 것입니다. 통일을 말하기 이전에 먼저 사이좋은 이웃이 되길 바랍니다.

우리는 전쟁을 치르면서도 초·중등 '피란학교'를 세웠고, 여러 지역에서 '전시연합대학'을 운영했습니다. 우리는 미래를 준비했고, 평화를 지키는 힘을 기르며 아무도 넘볼 수 없는 나라를 만들었습니다. 이제 우리의 아들과 딸들은 '포스트코로나' 시대를 남보다 앞서 준비하며, 세계를 선도하는 대한민국의 주인공이 되었습니다. 전쟁을 겪은 부모 세대와 새로운 70년을 열어갈 후세들 모두에게 평화와 번영의 한반도는 반드시 이뤄야 할 책무입니다. 8천만 겨레 모두의 숙원입니다.

세계사에서 가장 슬픈 전쟁을 끝내기 위한 노력에 북한도 담대하게 나서주길 바랍니다. 남과 북, 온 겨레가 겪은 전쟁의 비극이 후세들에게 공동의 기억으로 전해져 평화를 열어가는 힘이 되길 기원합니다. 통일을 말하려면 먼저 평화를 이뤄야 하고, 평화가 오래 이어진 후에야 비로소 통일의 문을 볼 수 있을 것입니다. 남북의 화해와 평화가 전 세계에 희망으로 전해질 때 호국영령들의 숭고한 희생에 진정으로 보답하게 될 것이라 믿습니다.
감사합니다.

신동호 한 가지 아쉬웠던 점은 이 6.25전쟁 70주년 행사를 밤에 진행했거든요. 국군 유해 송환을 같이하면서 서울공항에서 행사했는데, 이때 탁현민 비서관이 연출을 너무 잘해서 제가 공들여 쓴 연설문이 좀 빛이 바랬던 것 같습니다. (웃음)

이기헌 저도 기억이 납니다. 그 연설 끝나고 나서 다음 날 현역 군인들한테 전화를 많이 받았습니다. 무척 감동적이었다, 군인으로서 이런 행사의 연설문을 듣게 되어서 영광이었다는 말씀이었지요.

신동호   이런 노력처럼 조금만 우리가 더 신경 쓰면 남북 화해 모드는 계속되리라 생각합니다. 문재인 정부가 출범하고 2017년 현충일 연설문 작성을 준비하고 있었습니다. 그때 대통령님하고 의논하면서 '애국'을 키워드로 넣자고 정했습니다. 그래서 장병들 이야기뿐만 아니라 파독 광부, 청계천 여공 이야기까지 연설문에 넣었습니다. 그날 저녁, 국회의원 다섯 분에게 전화를 받았습니다. 보통 현충일이 되면 국회의원은 지역의 보수 단체들의 행사에 참여하는데, 그곳에서 좋은 얘기를 많이 들었다는 겁니다. 저는 이런 연설문이 국민통합을 위한 노력이고, 문재인 정부 때 일정 부분 성과도 거두었다고 봅니다.

이기헌   2018년 9.19 평양선언에도 참여하셨지요? 대통령 순방에는 절대 빠지지 않는 직책이 바로 연설비서관이니까요. 모든 순방에 참여하셨는데, 많게는 50개의 연설문을 쓰기도 한다면서요?

신동호   제일 많이 썼을 때가 56개입니다.

이기헌   한 번 순방을 나가면 아침부터 저녁까지 행사가 이어지므로 그 행사 콘셉트에 맞게 연설문을 쓰는 게 굉장히 어려운 일이었을 거라고 감히 짐작해 봅니다. 많은 사람이 판문점 능라도 경기장에서 있었던 대통령의 연설문에 대해서 감동적이었다고 평가합니다. 그때 이야기를 좀 해 주시죠.

신동호   평양은 북한 내에서도 좀 특별한 곳이라 그곳만 경험한 제가 북한 전체 분위기를 평가하기는 좀 어렵습니다. 그렇지만 확실히 달라지긴 했습니다. 사실 전 문학을 하는 사람이라 그런 주변 상황보다는 사람들의 표정에 더 집중하는데, 사람들의 표정이 확실히 밝아졌습니다. 우리나라에 보수 정권이 들어설 때마다 북한을 비난하며 북한 체제가 곧 무너질 것처럼 말하곤 하지 않았습니까. 하지만 우리 생각보다 그 체제는 더 공고합니다. 그걸 유지하고자 하는 사람들의 힘도 크고요. 그런 걸 무시하고 그저 무너지기만을 기다린다는 것은 말도 안 됩니다.

김정은 위원장과 함께하는 사람들도 세대교체가 많이 이루어졌습니다. 북한식 표현으로 젊은 일꾼이 많아진 것이지요. 변화하고자 하는 노력이 분명히 있고, 그 노력으로 김정은 위원장은 문재인 대통령한테 도움을 여러 번 요청하기도 했습니다. 북한이 하루아침에 무너지거나 변화할 수는 없습니다. 거기 주민들을 위해서라도 한 단계 한 단계 밟아가며 변화해야 하고, 그 걸음에 맞추어 우리 정부가 도움도 주고 그랬어야 하는데, 코로나 등의 이유로 우리 정부가 지속해서 도움을 주지 못한 게 안타깝습니다.

이기헌 연설비서관으로서 김정은 위원장의 연설문은 어떻게 평가하십니까?

신동호 북한 연설문을 꼼꼼이 읽다 보면 김일성, 김정일 시대하고는 완전히 다르다는 걸 알 수 있습니다. 김정일 위원장의 경우에는 연설 자체를 많이 하지 않았기 때문에 비교할 수가 없는데, 김정은 위원장은 좀 다릅니다. 본인 집무실에서 신년사를 발표하기도 했지요. 북한 체제는 기본적으로 수령 중심 체제이기에 인민들한테 시혜를 베푸는 쪽으로 연설문을 작성합니다. 우리나라도 권위주의 시절 때는 그랬지요. 그런데 김정은 위원장은 인민을 걱정하는 마음을 연설문에 담습니다. 인민과 위원장 간의 계급도 좀 무너뜨리는 노력을 하는 것처럼 보입니다.

아무튼 개혁과 개방의 의지라든지, 인민들의 삶을 개선하고자 하는 의지들이 연설문에서 분명하게 보입니다.

이기헌　북한도 오랜 시간 유지해 온 체제가 있는데, 하루아침에 정책을 변화시킨다는 게 쉽지는 않겠지요.

신동호　하노이 회담이 결렬되고 나서 김정은 위원장이 내부에서 꽤 시달렸을 겁니다. 저는 그런 고민이 북한의 연설문에서 느껴집니다.

이기헌　저도 비슷한 느낌이었습니다. 하노이 노딜 이후 평양으로 돌아가면서 본인이 내려고 했던 성과를 가져가지 못해 크게 낙심했겠지요. 세계가 주목하는 큰 이벤트가 될 수 있었는데 말이지요. 이제 평양으로 돌아가서 어떤 걸 준비해야 할지 본인이 제일 답답했을 것 같더군요.

신동호　판문점 회담 당시 김정은, 김여정 남매가 함께 움직이는 걸 우리가 실시간으로 보지 않았습니까. 우리 어머니가 그러시더라고요. 저 두 어린 남매가 한 나라를 이끌어 보겠다고 저렇게 함께 다니는 걸 보니 좀 짠한 생각이 든다고요. 이런 이야기를 말씀드리면,

정치를 모르니까 할 수 있는 말이라고 치부할지도 모르겠습니다.

김정은의 하노이 회담 이벤트는 특별한 게 아닙니다. 많은 정치인이 그런 이벤트를 합니다. 트럼프도 그랬고, 이탈리아 대통령도 그랬습니다. 보여주기가 필요할 때는 다들 그렇게 합니다. 그런데 김정은 위원장은 싱가포르에서 밤에 외출해 그 나라의 발전상도 지켜봤다고 하더라고요. 그런 측면에서 봤을 때 나이가 어리지만 김정은 위원장도 북한 인민들이 좀 더 잘살 수 있도록 변화하는 노력을 진짜 하고 있다고 봅니다. 그럼 일단 미국의 제재부터 풀어야겠지요. 그래야 국제사회의 제재도 완화될 테니까요. 그런데 그동안 역사적 과정을 보았을 때 이렇게 풀어내면 북한의 체제를 유지할 수 있을까 하는 의문도 있었을 겁니다. 이 상황에서 우리 정부는 북한 관계 개선의 가능성을 분명히 보았던 것 같습니다.

고양에서 평화를 노래하다

이기헌 문학가로서 고양시에 대해 이야기해 주십사 질문을 드립니다. 고양시는 실제로 문화예술인들이 많이 사는 문화예술 도시입니다. 문화콘텐츠 사업이 고양시의 주요 성장 동력 중 하나이기도 합니다. 고양시에는 문체부 산하의 '빛마루방송지원센터'가 있고, 일산 MBC 스튜디오, SBS 탄현 스튜디오, EBS 본사가 입주해 있습니다. 방송영상 관련 콘텐츠 업체가 많은 데다 실제로 방송 관계자, 연예인들도 많이 삽니다. 일산 장항 지역은 테크노밸리가 들어올 예정이고, CJ 라이브시티라고 하는 대형 공연장도 건설 중입니다. 방송 영상 단지도 10만 평이 넘는 규모로 준비하고 있고요.

이처럼 고양시는 오래전부터 방송 영상 콘텐츠 산업을 통해 문화 콘텐츠의 도시로 거듭나려고 노력 중입니다.

신동호 예전에 유은혜 교육부 장관이 한국예술종합학교를 일산으로 옮기려고 노력했다고 들었는데, 그건 무산된 건가요?

이기헌 방송영상밸리 지역으로 한국예술종합학교를 유치할 계획이었습니다. 부지도 제공하고 건물도 지어 주는 조건이었는데, 아직 한국예술종합학교 측에서 결정을 내리지 않은 상태입니다. 송파와 일산 두 지역에서 유치 경쟁을 벌였는데 사실상 일산에 제한이 좀 있는 부분도 있어서요. 하지만 환경적인 측면에서는 고양시를 따라올 지역이 없습니다. 기본적으로 고양시에는 아람누리, 어울림누리라는 대형 공연장이 있고, CJ 라이브시티도 건설되면 전국 최고의 입지 조건이라고 할 수 있지요.

그런데 서울의 외곽도시라는 점과 접경지역이라는 한계를 넘어서야 하는 문제가 있습니다. 고양시는 37%가 넘는 지역이 군사시설보호구역으로 묶여 있고, 파주시는 70%가 넘습니다. 이러다 보니 실제 도시의 가능성과 가치보다 낮게 평가되는 부분이 있을 수밖에 없습니다.

신동호 한강을 끼고 있다 보니 오염을 발생시키는 공장도 못 짓게 하고 말이지요. 물 이야기가 나왔으니 이런 이야기를 좀 해 보겠습니다. 예전에 한참 남북관계에 관해 강의하러 다닌 적이 있습니다. 강의를 시작하면서 이렇게 물어봅니다. "우리가 북한으로부터 도움을 받는 게 있다고 생각하십니까?" 그러면 하나같이 없다고 말합니다. 도움을 받는 부분이 있다고 말하는 사람을 단 한 명도 보지 못했습니다. 그럼 제가 이런 이야기를 합니다.

한반도에는 북에서 남쪽으로 흐르는 강물들이 많습니다. 임진강, 한탄강, 북한강이 대표적이지요. 북한강은 금강산이 발원지로서 춘천을 거쳐 인천까지 지나갑니다. 이 북한강 물을 우리 남한의 몇 명이 먹는 것 같습니까? 약 2,500만 명 정도입니다. 남한 인구의 절반이 이 북한강에 의지하고 있는 것입니다. 그런데 임진강, 한탄강, 북한강이 오염되었다는 이야기를 들어 본 적 있습니까? 북한이 뭘 몰라서 오염을 안 시키는 걸까요? 가령 임진강 상류에 돼지 농장 하나만 지어도 임진강을 정화하는 비용이 1년에 몇천억 원씩 들어갈 겁니다. 그걸 누가 부담하겠습니까?

북한이 적어도 이 세 강물을 오염시키지 않는 것만으로도 우리는 북한에 고마운 마음을 가져야 한다고 생각합니다. 고양, 파주, 강원도 접경지역 주민들은 이런 부분이 절실한 문제입니다. 하늘과 땅, 물이 모두 연결되어 있으니까요.

이런 내용의 강의를 끝내고 나서 다시 물어봅니다. "우리가 북한으로부터 도움을 받는 게 정말 없다고 생각하십니까?" 그러면 절반 정도가 있다고 대답합니다.

이기헌 정말 중요한 문제를 짚어 주셨다고 생각합니다. 환경적인 측면에서도 우리는 북한과 협력을 유지할 필요가 있습니다.

신동호 예전에 인천시에서 잠깐 일한 적이 있습니다. 인천과 경기도는 매년 북한에 말라리아 방역 세트를 보내 주었습니다. 특히 해주 지역에요. 방역 세트를 보내 준 해와 보내 주지 않은 해는 확연히 다릅니다. 그걸 안 보내면 강화도 지역 등에서 말라리아에 걸리는 사람이 확실히 늘거든요. 지금은 어떤지 모르겠습니다.

이처럼 남북한은 하늘, 땅, 물이 다 연결되어 있으므로 최소한의 교류와 인도적 지원은 필요합니다. 이런 예를 접하면서 우리의 인식도 넓혀 가야지요.

북한이 강물을 깨끗하게 쓴 걸 고마워해야 하고, 또 그걸 유지할 수 있도록 우리도 인도적 지원을 해야 합니다. 조선 시대에는 호남평야, 김제평야의 쌀을 전 국민이 먹었다고 해요. 남쪽에는 쌀이 많고 북쪽에는 부족하지요. 분단되고 나서는 남한은 쌀이 남고, 남고 또 남는 상황이었는데요. 전 북한이 물 관리를 잘해주는 것과 관련해서 남한 쌀을 지원하는 것 정도는 해야 한다고 봅니다. 지자체끼리도 강물 갖고 싸우는 판에 적어도 북한과 이런 신경전을 벌이지 않지 않습니까. 강물에 대한 이런 생각들이 북한과 남한을 연결해 주는 작은 고리가 되지 않을까 생각합니다.

이기헌 비록 철조망이 남북한을 갈라놓기는 했어도 물줄기가 있으니 연결되어 있다는 말씀이군요. 그런 인위적인 것으로는 갈라놓을 수 없다는 말씀처럼 들립니다.

신동호 라인강이 스위스에서 발원해 독일을 거쳐 네덜란드로 가거든요. 그런데 이 라인강 때문에 독일과 스위스가 전쟁을 벌일 뻔한 일이 있었다는 사실을 아십니까? 스위스가 물을 더럽혔다는 것이 이유였지요. 그 후 유럽의 9개국이 라인강을 공동 관리합니다. 서로 합의에 따라 하류 지역 국가가 상류 지역 국가에 관리비를 지급합니다. 그런데 남북한이라고 못할 이유가 있습니까?

이기헌 최근에 연천 평화기행을 다녀왔는데 태풍전망대까지 올라가 보았습니다. 그곳에서 내려다보는 임진강이 매우 아름다웠습니다. 그곳 북한 지역에 댐이 하나 있던데 그 물을 방류할 때 사전에 통보하지 않으면 남한 쪽에 문제가 생길 수밖에 없습니다. 긴급 전화 한 통만 할 수 있는 수단이 있다면 모든 문제를 미리 방지할 텐데, 현실은 그렇지 못하니 답답합니다. 문재인 정부 시절 추진한 한반도 평화 프로세스를 중단시킬 것이 아니라 디딤돌을 놓았다 정도만이라도 평가하고, 새로운 디딤돌을 계속 놓아 반드시 평화 분위기가 정착되었으면 하는 바람입니다.

신동호 저는 정치인들이 고정관념에서 벗어났으면 좋겠습니다. 문재인 정부에서 우리는 미국도 설득 가능하다는 것을 확인하지 않았습니까. 남북한의 전격적인 교류, 협력, 통일만 생각하지 말고 현재 할 수 있는 방안으로 고민해 볼 필요가 있어 보입니다. 제가 강원도 출신이라 이야기할 수 있는 건데, 일단 강원도 지역만 먼저 통일시키는 겁니다. 한 지역만 통일시켜 통합하는 과정을 지켜보는 것이지요. 개성과 고양시를 자유 왕래 지역으로 설정해서 물꼬를 트는 것도 방법일지 모릅니다. 제가 주장하고 싶은 바는 대규모 큰 사업으로 계획하면 미국이나 유엔의 협력이 필요하니 한발 전진하는 게 더딥니다. 그러니 작은 규모로 진행할 수 있는 것들은 상상력을 발휘해서 열어 보면 좋겠습니다.

이기헌 조만간 고양시, 파주시가 자유 왕래 지역으로 설정되어 평화도시, 자유도시가 되기를 꿈꿔 봅니다. 오늘 말씀 감사합니다.

06

서
주
석

전 국방부 차관
전 국가안전보장회의 사무처장

북한과의
관계 개선을 위한
노력
—

이기헌 윤석열 정부 출범 이후 전임 정부인 문재인 정부의 모든 정책이 뒤집히고 있는 것 같습니다. 특히 안보와 경제 정책에 있어 두드러지게 나타나고 있는 것 같은데요. 윤석열 정부가 최근 가장 강조하는 말이 '힘에 의한 평화'입니다. 그러면서 북한과 전혀 대화하려고 시도하지 않고 있지요. 물론 북한도 문을 안 열고 있는 것도 사실입니다. 2018년 평창올림픽을 준비할 때 북한에서 6차 핵실험으로 남북관계가 경색되어 있었으나 북한을 대화의 장으로 끌어오려고 문재인 정부가 노력하지 않았습니까. 결국 북의 대표단이 올림픽에 참가함으로써 남북대화의 물꼬가 트였습니다.

윤석열 정부의 북한에 대한 태도가 대결정책, 적대정책으로 변했는데 이것에 대해 서 전 차관님께서는 어떻게 평가하고 계십니까?

서주석 2018년 세 차례의 남북정상회담이 있었지요. 그걸 계기로 북미 간에도 정상회담이 2018년, 2019년에 있었고요. 당시에 한반도 비핵화를 목표로 한 논의들이 꽤 진행되었습니다. 덧붙여서 한반도 평화 체제에 대해서도 협의하기로 했는데, 구체적인 성과를 내지 못한 채 2019년 하노이 북미 정상회담이 결렬되면서 논의가 중단되고 말았죠. 북한은 그 뒤에 핵 개발 노력을 재개합니다. 핵탄두도 계속 증강했고, 미사일 개발도 진행합니다. 최근 북한의 핵 능력이 '고도화됐다' 이런 표현을 하는데 2019년부터 고도화가 돼 온 상황입니다.

그런 와중에도 북한 핵 문제 해결을 위해, 한반도 평화 증진을 위해서 종전선언 등 관련된 정책적 노력을 문재인 정부에서는 해 왔었어요. 그런데 2020년 코로나 팬데믹으로 실제 대면 회담이 불가능해지면서 결국은 협상 재개의 계기를 마련하지 못한 채 정부가 끝나고 말았습니다.

윤석열 정부에서는 아시는 것처럼 북한에 대한 강경한 태도를 유지하고 남북대화 시도를 전혀 하지 않고 있습니다. 그런데 말씀하신 것처럼 힘에 의한 평화를 주장하고, 북한이 핵 사용 시 한미의 압도적 대응으로 북한 정권을 종식하겠다고 하면 어떻게 되겠습니까? 전문가들은 북한 핵은 현재 개발 단계가 상당히 진척되어 핵 사용이 가능하다고, 일정 부분 실전 배치된 것으로 파악하고 있습니다. 이런 상황에서 북한이 핵 사용 시에 어떻게 하겠다는 것은 억제 차원의 의미는 없지만 북한이 실제로 핵을 사용한다면, 엄청나게 많은 인적·물적 피해가 서울 수도권뿐 아니라 전국에 걸쳐 발생하게 될 것입니다. 그렇게 되면 북한 정권의 종식이 아니라 남북 간 공멸로 이어지는 상황이 될 것입니다.

이기헌 북핵이 고도화된 상황에서 그것을 억제하고 전쟁을 방지하기 위한 노력은 당연히 군사적으로 또 한미 공조하에 진행해야 하지만, 북한 핵 군사 위협을 근본적으로 낮추기 위한 노력을 동시에 진행해야 한다고 생각하시는 거죠?

서주석 그렇습니다. 북한의 군사적 위협이 있을 때 그 위협을 한미 공조하에 막아내는 것도 중요하지만 위험 자체를 줄이기 위한 노력을 해야 하는데 그게 군비통제입니다. 외교의 영역에서 서로 관리해나가야 하는 부분이지요. 북한 핵이 점점 우리한테 실제적 위협으로 다가오고 있는 상황에서 위협 자체를 줄이고 한반도 평화체제로 나가서 궁극적으로는 비핵화까지 가는 그런 외교적 노력이 재개되어야 할 것입니다. 그러기 위해서는 남북대화도 당연히 필요합니다.

 미국에서는 여전히 북한과의 대화의 문이 열려 있다고 얘기하고 있는데요. 우리도 미국 등과의 공조를 통해서 핵 문제 해결을 위한 노력을 반드시 재개해야 한다고 생각합니다. 다시 말씀드리지만 단순한 방어나 억제가 아니라 위험 자체를 줄이기 위한 노력이 필요하다는 생각입니다.

이기헌 최근에 한미일 군사협력이라고 하는 동맹 체계가 맺어지면서 새로운 군사협력 체계가 만들어지고 있습니다. 한미 동맹에서 일본이 추가된 것인데요, 이것이 이제 북한 사회에 주는 충격도 좀 컸던 것 같습니다. 한미일 밀착의 반작용으로 북한은 러시아와 정상회담을 긴급하게 진행했습니다. 외신들은 북한이 러시아와 관계 개선을 통해 직면하고 있는 식량 문제를 해결하고 또 미사일의 고도화를 성취해 미국에 대한 압력을 더 높이려고 한다고 평가하기도 합니다. 그동안 유엔 등 국제사회가 실행해 왔던 대북 경제제재의 틀을 이번 기회에 러시아를 통해서 깨려는 북한의 의도가 있다는 평가도 있습니다.

북한과 러시아가 새롭게 유착하고 있는 과정에 대해서 어떻게 진행될 것으로 판단하시는지요?

서주석 2023년 9월에 북러 정상회담이 있었지요. 정상회담 과정에서 러시아는 우크라이나 전쟁에 필요한 상당한 양의 탄약, 공사 장비 등을 보충할 필요를 느꼈겠고, 북한으로서는 식량, 에너지, 북한 미사일과 우주개발 등의 첨단 기술의 확보 등이 필요했을 테니 이런 것들을 서로 교환하는 논의가 있지 않았을까 합니다. 만약 그런 상황이 실제로 벌어진다면, 북핵의 핵 개발을 저지하기 위해 유엔 안보리 차원에서 실행한 북한에 대한 경제제재를 러시아가 깨는 것이 될 겁니다. 러시아에 대해서도 우크라이나 침공 이후에 서방 주도로 러시아에 대한 일정한 제재와 견제들이 진행되고 있는데, 그런 것들을 북한이 깨게 되면서 지금보다 훨씬 더 큰 국제적인 후폭풍이 예상됩니다.

이기헌 하지만 구체적으로 어떤 합의가 이루어졌는지는 알려진 게 없지 않습니까?

서주석 그렇지요. 10월 라브로프 러시아 외교부 장관이 평양을 간다고 발표했거든요. 북러 정상회담의 후속 조치를 위해서 방북한다고 하는데, 아마도 푸틴 대통령의 북한 방문으로 이어질 것이라고 전문가들은 추측하고 있습니다. 9월 정상회담 후속 조치 후 다시 한번 정상회담이 이루어진다면 그때 구체적인 합의 내용이 나올 가능성이 있습니다. 지금 대외적으로 발표된 내용은 우주개발 협력 정도입니다.

김정은 위원장이 러시아 극동 연해주 지역의 군수 공장들을 다니면서 미사일과 전투기를 보는 등 시찰하긴 했지만, 과연 어떤 합의가 됐는지는 아직은 확인이 안 되는 상황입니다. 좀 더 지켜봐야겠지요.

이기헌 북한과 러시아의 이러한 군사적 밀착은 북러의 주변국의 문제로만 끝나지 않는 것일 텐데요.

서주석 아시는 것처럼 2010년대 후반부터 미중 간의 전략적 경쟁이 더욱 심화하고 있는 상황입니다. 미국은 중국의 도전적 입장을 견제하기 위한 노력을 전략적으로 계속해 왔습니다. 그런 와중에 중국은 러시아와 유대관계 강화를 통해서 미국의 견제에 대응하기 위한 노력을 해 왔지요. 최근에는 중러 간에만 전략적 동반자 관계로 그치지 않고 중러 중심의 상하이 협력기구 등 국제기구에서 회원수를 넓히는 작업을 하고 있습니다. 우리 형제의 나라 튀르키에도 가입 신청했고, 사우디아라비아도 가입했습니다. 브릭스(BRICS)에도 사우디아라비아, 이란 등이 가입했지요. 중국과 러시아를 중심으로 이른바 글로벌 사우스가 결집하고 있는 양상을 보이고 있습니다. 중러의 협력 확대, 더 나아가서 서방의 입장과 일정 부분 달리하는 쪽으로 결집하고 있어서 자칫 이런 상황이 신냉전으로 가는 것이 아닌가 하는 우려도 있습니다.

이런 큰 흐름 속에서 북한이 러시아와 군사 밀착을 시도하게 된다면, 이미 존재하고 있는 북한과 중국 간의 동맹관계를 넘어서서 북중러의 관계 강화로 진행될 가능성이 큽니다. 그리고 이것이 한미일 삼각 안보 협력 강화와 맞물려서 북중러 대 한미일 간의 진영 대결로 갈 수도 있겠지요. 만약에 그렇게 된다면 우리가 과거 냉전 당시 매우 협소했던 우리의 외교·경제 상태로 되돌아가는 걸 의미하기 때문에 절대로 그런 쪽으로 가면 안 된다고 생각합니다.

지금의 군사적인 위기 위험 상황을 해소하기 위해서 북한하고도 대화할 필요가 있습니다만 동시에 중국이나 러시아하고는 탈냉전 이후에 계속해서 진행해 왔던 협력관계를 계속 유지하고 발전시키는 노력을 해야 합니다. 중국이나 다른 나라들에 대해서도 우리가 지금 한미일에만 집중하는 그런 모습을 보이는데, 그것보다 좀 더 균형적인 입장에서 외교적인 노력을 재개하고 강화할 필요가 있습니다.

이기헌 9.19 군사합의가 당시 국방부 차관으로서 큰 역할을 해 주신 걸로 기억합니다. 올해로 5주년이 되었는데요, 문재인 대통령께서도 퇴임하신 지 한 1년 반 만에 서울에 올라오셔서 그 행사를 축하해 주셨습니다. 그만큼 9.19 평양선언과 그 부속합의서인 군사합의서가 가진 의미가 남다릅니다. 최근에 국방부 장관이 9.19 군사합의의 효용성에 문제가 있다고 지적하며, 북한이 도발로 깼기 때문에 우리도 이 합의를 무효화하겠다고 합니다. 5년 동안 9.19 군사합의가 한반도의 긴장 완화와 우발적 충돌을 막는 데 실질적인 역할을 했다고 평가하시는지요?

서주석 9.19 군사합의는 평양공동선언의 부속 문서로서 채택이 됐습니다. 2018년 4월 판문점 선언의 군사적 이행을 위한 문서로도 준비돼서 그해 9월에 채택됐던 것이지요. 9.19 남북군사합의는 그동안 남북 간에 있었던 안보, 군사, 평화와 관련된 합의 중에서 가장 실질적이고 현실적으로 작동했던 합의 문서라고 저는 이해하고 있습니다. 7.4 공동성명이나 남북기본합의서 또 6.15 남북공동선언이나 10.4 남북정상선언 등 이런 일련의 당국 또는 정상 간의 선언들은 구체성에서는 전쟁 방지와 평화 회복을 위한 부분에서는 좀 미흡한 부분들이 있었습니다.

9.19 남북군사합의는 크게 두 부분으로 나뉩니다. 하나는 상호 간의 경계와 관련된 접경지역에서의 대규모 군사훈련이나 사격 또는 군용 비행기의 비행 금지라든지 또 해상에서는 해상 완충구역에서의 사격과 훈련의 금지 등등을 통해서 접경지역에서 군사적 충돌이 이루어지지 않도록 하는 조치를 육상, 해상, 공중에서 다 합의한 것입니다.

그리고 덧붙여서 판문점 공동경비구역 JSA의 비무장 조치도 합의 했고, 그해 11월부터 지금까지 이행되고 있습니다. 남북 간에 DMZ 내에 11개씩 갖고 있던 GP를 10개는 철거하고 1개만 보존하는 형태로 줄였습니다.

이기헌　철원에 있는 화살머리고지에서 6.25 전쟁 당시의 유해를 공동으로 발굴하자고 합의한 것도 있었지요. 물론 실제로 공동 유해 발굴까지는 하지 않았습니다만 우리 쪽에서는 군사분계선 남측 지역에서의 유해를 상당 부분 단독 발굴하는 성과도 거뒀습니다.

서주석　공동유해발굴합의는 접경지역에서의 군사 충돌 방지를 위한 큰 합의와 더불어서 상당히 상징적인 합의로서 의미가 있습니다. 공동 발굴을 위한 준비로써 철원 지역에 전술도로를 새로 건설하고 있는 작업까지 하고 단독 발굴이 이루어졌지만, 공동 발굴은 더 진척이 안 된 점이 아쉽습니다.

　　그런데도 육상, 해상, 공중 접경지역에서의 군사 충돌을 막기 위한 합의는 지금도 이행되고 있습니다.

윤석열 정부가 작년 말에 발표한 국방백서를 살펴보면, 북한이 2018년 이후 작년까지 17차례 9.19 군사합의 위반 행위를 했다고 명기했습니다.

이기헌　대개 어떤 내용들입니까?

서주석　해상 사격 또는 완충구역에 대한 미사일의 낙하 등이 있었고요. GP에 대한 오인 사격도 있었습니다. 2022년 12월 26일에 있었던 북한 무인기의 침투 등 이런 것들이 이제 위반이라고 보고 있는데요. 물론 9.19 합의의 위반에 해당한다고 볼 수 있습니다만 위에서 언급한 것처럼 육상, 해상, 공중의 일정 범위 내에서의 군사 행위 중지와 이격을 통한 충돌 방지는 지금도 이어지고 있거든요. 그러니까 9.19 군사합의의 그 효과는 엄청 크다고 할 수 있습니다.

이기헌 2018년 이후에 남북 간에 군사 충돌이 한 번도 없으니, 말씀하신 것처럼 굉장히 의미가 있는 합의라 할 수 있겠습니다.

서주석 지금도 국방부 쪽에서 9.19 군사합의가 우리한테 불리한 부분이 있어서 파기는 좀 힘들더라도 무효화는 검토하겠다는 얘기들을 하고 있습니다. 이럴 때 우리가 9.19 군사합의가 가진 평화의 보장과 관련된 특별한 의미를 잘 생각해 보아야 할 것입니다. 9.19 군사합의가 지금까지 이행돼 오면서 사실은 남북 간에 군비통제와 관련해서 일정한 성과들을 거두고 있다고 저는 판단하고 있습니다.

특히 군비통제를 통해서 합의는 계속 이행될 것이고, 지속적인 신뢰 축적으로 장차 남북 간의 군사적인 안전 보장을 위한 추가 조치도 이어질 수 있다고 봅니다. 따라서 앞으로도 9.19 군사합의는 반드시 이행되어야 합니다.

이기헌 제가 거주하고 있는 일산 지역에서 승용차를 타고 판문점까지 가면 30분 정도 걸립니다. 직선거리로 따지면 30km도 안 되는 거리입니다. 국지전 내지는 도발이 있을 때 가장 큰 피해를 볼 수 있는 지역이기도 합니다. 따라서 고양시에 주민들은 군사적 도발을 막을 수 있는 이러한 군사합의가 계속 유지되어야겠다는 생각을 하고 있습니다. 그런데 최근에 정부에서 보여 주고 있는 9.19 군사합의에 대한 파기의 흐름이 있으니, 불안할 수밖에 없습니다.

서주석 지난번 북한 무인기가 강화, 김포 지역을 통해서 남한에 들어왔다고 알려졌지요. 그 지역을 포함해서 고양시, 파주시, 연천, 철원 쪽 이어지는 이 접경지역의 어느 곳에서든 남북 간에 아주 작은 규모의 군사 충돌이라도 이루어지면 상당한 충격을 받을 수 있습니다. 그 지역 주민들의 생명 안전은 물론이고 지역 사회의 분위기에도 큰 영향을 미칠 수 있는 일들이지요.

지난 2014년이었나요? 탈북자 단체가 북한에 대북 전단을 날려 보냈는데, 이에 대응해서 북한이 고사총을 쐈지요. 그 고사총 총탄이 연천군의 한 면사무소 앞에 떨어졌습니다. 사람이 맞았거나 인가에 떨어졌다면 상당한 인적, 물적 피해로 이어졌을 겁니다. 낙탄만으로도 그런 위기가 닥쳤던 것이지요.

2015년 목함지뢰 사건 때도 남북 간의 군사적 긴장이 크게 고조되었는데, 남북 고위 당군 간의 협의로 위기가 진정되었습니다. 이처럼 접경지역 분들한테는 특히 남북 간에 국지 충돌이 있으면 엄청난 피해가 있을 것이기 때문에 그런 것들을 막기 위한 장치로서도 저는 9.19 군사합의의 '접경지역에서의 군사적 행위 중지' 부분은 계속 이행되어야 한다고 생각합니다.

이기헌 만약에 국방부가 9.19 군사합의를 파기하겠다고 일방 발표를 한다든지 하면 국민으로서 이것을 막는 방법이 있을까요?

서주석 2023년 9월, 당시 후보자였던 신원식 국방부 장관의 청문회 과정에서 이런 이야기가 나왔지요. 9.19 남북군사합의 중에 비행금지 구역 조항 때문에 우리 공군 정찰기가 그 지역 상공을 날지 못해 북한의 군비 상태를 알 수 없기에 우리의 대응 능력을 심각하게 저하시키는 문제로 그 부분을 무효화시키겠다는 의견이었습니다. 전체 파기가 아니라 일정 부분을 무효화시키겠다는 식으로 지금 얘기하고 있는데, 이러다 전체적인 합의 이행 중단으로 갈 가능성도 무시하지는 못합니다.

공중에서의 충돌 위험은 사실 육상이나 해상보다 더 큽니다. 북한 평양 근처 또는 황주 비행장에서 비행기가 남쪽으로 내려온다면 5분 이내에 남한에 도달합니다. 그런 걸 막기 위해서 20~40km의 비행금지 구역을 만들어 놓은 것입니다. 그런데 이걸 없애면 어떻게 되겠습니까? 저는 지금 무효와 관련된 얘기들이 실제로 이행돼서 군사합의의 이행 중단으로 가지 않도록 하는 분명한 인식과 태도 표명이 필요하다고 생각합니다.

대한민국 군의 현주소 진단

이기헌 해병대 이야기를 좀 해 보겠습니다. 채 상병 사건으로 박정훈 대령이 군 내에서 기소되어 고충을 겪고 있습니다. 이예람 중사

사건이 계기가 되어 지금의 군사법원법이 개정되기까지 성과가 있었습니다. 그런데 채 상병 사망사건으로 군 권력의 정점인 국방부 장관이 직접 개입하여 수사 결과를 왜곡하려는 시도를 한 것으로 보입니다. 이걸 바로잡으려고 했던 박정훈 대령이 고초를 겪고 있고요.

군사법원법 개정이 됐음에도 불구하고 이렇게 법 개정 취지가 충분히 반영되지 않고, 국방부 장관 본인이 결재한 것도 뒤집어 버리고 이런 상황이 왜 벌어지고 있는지 궁금합니다.

서주석 개정된 군사법원법에서는 수사의 관할권을 군사경찰이 아니라 민간경찰이 갖도록 했지요. 군 기초 조사 과정에서 범죄 혐의가 발견되면 지체 없이 민간 경찰에 이첩하게 되어 있습니다. 그런데 이번 채 상병 사망사건의 경우에는 최초 조사 이후에 위에 보고하고 보냈는데 그걸 보류한 다음 다시 갖고 오지요. 이첩했던 해병대 수사단장이 오히려 법적인 처벌을 받는 단계로 가고 있고요. 법 개정 취지와 맞지 않는 것은 분명합니다.

부대 내 사망사고는 국민에게 주는 의미가 매우 큽니다. 병사들은 징병 때문에 나라를 위해 근무하는데 병영 생활 과정에서 사망에 이른다면 제대로 수사해서 원인과 책임을 분명하게 규명해야 합니다. 민간에서 군 내에 벌어지는 각종 사망사건과 관련하여 여러 의혹들을 품게 되는 점 때문에 개정을 한 것인데, 이번에 채상병 사망사건의 경우 이첩 과정에서 문제점이 많았다고 생각합니다.

이기헌 제일 문제가 되는 것은 국방부를 비롯한 용산의 개입이 실제로 있었는지 하는 것입니다. 상급자에 의해서 수사 정보가 유출되고 결과가 은폐되고 왜곡되어서는 절대 안 된다고 생각합니다. 특검에서 그것이 명확히 밝혀져야 합니다. 국민들도 그것을 기대합니다.

서주석 사법 체계는 국민의 인권과 생명을 보호하기 위해 반드시 지켜져야 하는 것입니다. 군 사법 체계도 마찬가지이지요. 원칙이 훼손된다면 군 장병, 우리 국민의 생명과 직결되기 때문에 우리가 경각심을 갖고 따져봐야 하겠습니다.

고양시 발전의 한계

이기헌 아시다시피 고양시는 특례시로 지정되었고, 인구도 108만 명이 넘어갑니다. 넓은 토지도 갖고 있습니다. 그런데도 경제적으로 매우 어렵습니다. 청년층 일자리가 절대적으로 부족해 초중고를 졸업하고 청년이 되면 직장을 찾아 서울로 갈 수밖에 없는 구조입니다. 1기 신도시가 활기를 잃고 지금은 30년 된 도시로 노쇠해 가고 있습니다. 게다가 군사시설보호지역이 전체 면적의 약 37%에 달합니다. 철조망으로 가로막혀 인접한 한강에 접근하거나 활용할 수도 없습니다. 이런 제약 때문에 발전에 제약을 겪고 있습니다. 고양시처럼 접경지역은 한반도 안보 문제로 사실은 굉장히 피해를 보고 있습니다. 접경지역이기에 안보를 대가로 발전이 저해되고 있다면 정부에서 그에 상응하는 일정한 지원 내지 개발 계획을 내주어야 한다는 게 주민들의 여론입니다. 이 부분에 대해 어떻게 생각하십니까?

서주석 분단과 전쟁 휴전 이후에 접경지역 주민들은 매우 큰 희생을 강요받아 온 것이 사실입니다. 고양시는 2018년 기준 129.5km² 가 군사시설보호구역이었습니다. 총면적의 48%로 정말 엄청난 면적입니다.

이에 2018년부터 2022년까지 문재인 정부가 5년 동안 군사시설보호구역의 일정한 조정을 통해서 지역 주민과 상생해 나간다는 내용을 국방개혁 2.0의 한 부분으로 담아서 추진했습니다. 그래서 군사시설보호구역 중에 30.2km²가 해제됐습니다. 현재 고양시의 군사시설보호구역은 99.3km²가 되었습니다. 고양시 전체 면적의 37% 정도지요. 군사시설보호구역의 23.3%가 해제된 것입니다.

현재 DMZ 군사분계선 이하의 일정 구역이 민간인 출입 통제선으로 바뀌어 있지 않습니까. 민간인 출입을 제한하는 구역도 여전히 남아 있는데요, 그 부분도 조정하는 노력을 진행하고 있다고 알고 있습니다. 국방개혁을 진행하는 과정에서 부대 시설들도 계속 통폐합되고 있으므로 주민들의 생활 편의와 안보 문제를 잘 정리해 나가야 할 것입니다.

그런데도 고양시의 경우 전체 면적의 60%밖에 사용하고 있지 못하니까 주민 생활과 직결되는 부분의 토지들은 자유로이 이용할 수 있도록 하는 검토가 필요하다고 보입니다. 이후에 산업단지가 조성된다면 일자리 문제도 조금은 해결될 수 있지 않을까 기대해 봅니다.

이기헌 산업단지를 만들더라도 그 산업단지가 제대로 기능하기 위해서는 주요한 기업들이 들어가서 생산 활동을 해야 하고, 또 많은 사람을 고용해서 그 지역 주민들이 잘살게 하도록 하는 게 중요하지 않겠습니까?

서주석 파주 LCD 단지도 그렇습니다만 어쨌든 최전방에 가까운 지역에 있는 이런 산업단지나 그 지역에서 활동하는 기업의 경우에 항상 남북관계 또 특히 안보 문제에 큰 영향을 받게 됩니다.

연평도 포격 사건 직후에 접경지역을 몇 군데 간 적이 있었는데, 그곳 주민들이 거의 다니지 않더라고요. 안보 위기가 닥치면 이렇게 접경지역 주민들에게 엄청나게 부정적인 영향을 미치기 때문에 우리가 평화를 유지하고 안전을 강화하는 노력을 기울여야 하는 것입니다.

이기헌 고양시의 장항습지 지구는 람사르 협약에도 가입된 자연생태 지역입니다. 그런데 2021년 6월 장항습지 환경정화 작업을 하던 시민활동가가 유실된 지뢰 폭발로 상해를 입는 사건이 있었습니다. 결국 발목을 절단하게 된 안타까운 사고였습니다. 그런데 이후 사고조사와 처리 과정에서 시민단체 그리고 고양시 공무원의 책임을 묻는 재판이 진행되었습니다. 다행히 무죄 판결이 나긴 했지만 시민으로서는 국방부가 사전에 안전조치를 제대로 이행하지 않아서 생긴 사고라고 볼 수밖에 없습니다.

이와 관련해서 국방부에서는 지뢰와 관련하여 정기적으로 어떤 대응을 하고 있습니까?

서주석 지뢰는 상대의 공격을 막기 위한 소극적 방어 수단으로 매설하게 되어 있습니다. 원래는 지뢰 매설 위치도 알고 있어야 하고요. 그런데 남과 북 대치 상태가 오래되다 보니까 과거 매설된 위치가 확인되지 않는 부분이 많습니다. 이것을 이른바 미확인 지뢰지대라고 하는데요. 전방 지역의 경우에는 길가에 모두 매설했기 때문에 위치를 정확히 알 수 없습니다. 홍수 등이 발생하면 유실된 지뢰가 이동하기 때문에 더더욱 파악하기 쉽지 않습니다. 목함 지뢰라든지 발목 지뢰라고 하는 플라스틱 지뢰는 찾기도 정말 힘듭니다.

그러므로 홍수 등이 발생했을 때는 유실 지뢰가 있을 수 있다는 가정하에 그 지역은 출입을 통제하고 철저하게 수색 탐지해서 지뢰를 찾아내는 게 매우 중요합니다. 상황을 초기에 정리하고 악화하지 않도록 노력해야 합니다. 사고가 발생한다면 원인과 책임을 정확하게 규명해야 하는 것도 필요하고요.

제가 국방부 근무할 당시 민간인 지뢰 피해 지원단이 있었고, 지뢰 피해자들을 위한 법령도 있었습니다. 이에 따라 피해자 보상을 계속하고 있지요. 앞으로도 이런 지뢰 사건은 계속될 수 있기에 피해자 보상 부분은 특별법을 연장하는 등의 법적 조치를 통해서 계속 이루어져야 한다고 생각합니다.

이기헌 한강길을 따라가 보면 철조망이 쭉 있었는데, 상당 부분 문재인 정부 시절에 철거했지요. 고양시의 남쪽 전 구역이 한강과 접해 있는데, 환경운동가와 자전거 이용자들이 이 한강하구를 많이 이용하고 있습니다. 그렇기에 지뢰 문제는 고양시 주민들의 큰 관심사가 아닐 수 없습니다.

노무현 대통령 시절에 남북 10.4 선언을 하면서 김포, 서울, 고양, 파주 인근에 걸쳐 있는 한강하구 지역에 대한 그러니까 서해 중립 지역의 평화적 이용과 관련해서 일정한 계획을 발표했고, 실행에 대한 기대가 높았습니다. 안보의 문제도 해결되지만 경제적 활력을 줄 수 있는 부분도 있어서 기대감이 높았습니다. 이 부분에 대해서 다시 진행될 여지는 없는 건가요?

서주석 2007년 10월 4일 남북정상선언 때 '서해평화수역 조성'이라는 합의가 있었습니다. 해주항 개발부터 NLL 일대 평화수역과 평화적 이용에 대한 합의였지요. 9.19 군사합의에도 한강하구 수역 공동 이용에 관한 부분이 있습니다. 한강하구의 공동 이용 및 평화적 이용을 위해 일단 수로부터 개발하자는 계획에 따라 해도 작성 작업을 2018년 11월에서 2019년 1월까지 3개월 동안 진행한 적이 있습니다. 아주 상세한 해로도는 아닙니다만 기본적인 해로를 만들어서 북한에 전달한 적도 있습니다. 이것을 기초 자료로 삼아 2019년 4월부터 공동 이용을 하기로 했는데 2월에 중단되고 말았지요. 이것이 제대로 진행된다면 해당 지역의 군사적 긴장을 완화하는 데 크게 이바지할 것이라고 봅니다.

한강하구는 군사분계선이나 DMZ가 없으므로 이곳에 긴장 완화를 위한 조치들이 이행된다면 한강 연안 지역의 주민 생활 편의도 크게 향상될 수 있을 것입니다. 남북대화를 통한 평화 유지가 답입니다.

이기헌 긴 시간 대담에 응해주셔서 감사합니다.

07

김
진
향

(사)한반도평화경제회의 상임의장
전 개성공업지구지원재단 이사장

평화가 곧 경제

—

이기헌 제가 문재인 정부 5년간 청와대에 있으면서 안보 관련 업무를 몇 년 맡다 보니 남북문제에 관심을 많이 가질 수밖에 없었습니다. 게다가 제가 거주하는 고양시가 접경지역이다 보니 평화경제에 자연스럽게 시선이 가게 됩니다. 그동안 김진향 이사장님은 '평화가 경제다'라는 말씀을 많이 해오셨는데, 그 뜻을 정확히 알고 싶습니다. 정말 평화가 경제입니까?

김진향 평화가 경제라는 말은 이제 고전적인 명제가 되었지요. 큰 범주에서 보면 평화는 곧 국민 행복입니다. 한반도는 여전히 전쟁이 끝나지 않은 체제를 유지하고 있지 않습니까? 전쟁 상황 속에서 어떻게 국민이 행복하겠습니까? 최소한 전쟁은 끝내야 하지 않겠습니까? 그 전쟁을 끝내기 위해 추진했던 게 바로 남북경제협력이었습니다. 분단체제 안에서의 경제는 본질적으로 휴전, 즉 전쟁상태의 경제로 분단경제-전쟁경제라고 해도 과언이 아니죠. 한반도의 엄청난 경제적 폭발성과 잠재력이 분단경제-전쟁경제 안에 70년간 비정상적으로 갇혀 있는 겁니다. 남북 간의 적대-전쟁상태인 분단체제를 끝내고 남북경협을 통해 평화경제를 만들면서 경제도 번영하고 그 과정에서 시나브로 평화도 구조적으로 실현하는 것이 바로 한반도 평화경제입니다.

이기헌 평화경제라고 하면, 남과 북이 이제 대결 상태를 멈추고 경제협력을 하자는 것으로 생각하기 쉽지 않습니까?

김진향 그건 아주 일부분입니다. 남북경제협력 체제가 유지된다면 우리가 지금까지 단 한 번도 경험해 보지 못한 대한민국 경제 대폭발이 일어날 수 있습니다. 남북이 전쟁을 끝내지 못한 적대관계의 분단체제가 아니라 실질적인 완벽한 평화체제가 되면 대한민국 경제는, 아니 한반도 남북의 평화경제는 누구도 상상하지 못할 엄청난 경제적 대폭발을 가져올 겁니다.

이기헌 막연하게나마 통일이 된다면 대한민국 경제는 폭발적으로 성장할 것이라고 다들 예측하고 있습니다. 그래서 통일 한반도를 기대하는 것일 테고요.

김진향 좀 자세히 말씀드려 보겠습니다. 남북경제협력이라고 하면 고전적으로 개성공단 방식을 떠올립니다. 남측[1]의 자본과 기술

---

1. 김진향 전 이사장은 오래된 대북협상가답게 인터뷰 내내 남과 북을 호칭할 때 남한/북한이 아닌 수십 년 입에 익은 남측/북측, 남/북으로 일관되게 호칭했다.

이 북측의 토지 및 노동력과 만나는 방식이지요. 여기서 좀 진일보한 남북경제협력을 떠올려봅시다. 북측에 지하자원이 많다는 것은 다 아는 사실입니다. 북측 대부분이 산악지대인 점도 모두가 아는 사실이고요. 이 부분을 염두에 두고 이야기해 봅시다. 남북이 평화적 안정 상태에서 경제협력을 추진한다고 했을 때, 북측의 SOC[2] 구축사업에 남측 기업이 참여한다면 어떻게 될까요? 향후 50년 동안 도로, 항만, 철도, 에너지를 남한 기업이 주도하여 지속 건설한다면, 이걸 기반으로 후속 경제활동을 펼치기에 매우 유용해집니다. 매년 수천 억 달러의 시장이 열리는 겁니다.

북측의 자원 활용 이야기도 해봅시다. 우리는 북측 자원을 단순히 수입하는 것에 그치지 않고, 그곳에 자원산업 클러스터를 만들어 가공품으로 부가가치를 높여 해외에 공동 수출할 수 있습니다. 포스코가 철강 원석을 호주, 칠레, 브라질 등에서 수입하는데, 그리 멀리 갈게 뭐 있습니까? 북측에는 아시아 최대 규모의 노천 철광산[3]이 있습니다. 국제시장의 60% 수준의 가격에서 남측과 거래한다고 가정하

남측/북측의 개념은 우리 언론사(기자협회, PD연합회)들이 2000년 9월 이후 남과 북을 부를 때 사용하기로 한 용어다.

2. 사회간접자본(Social Overhead Capital): 생산활동에 직접적으로 사용되지는 않지만 경제활동을 원활하게 하기 위하여 꼭 필요한 사회기반시설을 말한다. infrastructure(사회기반시설)의 앞부분만 따서 흔히 infra(인프라)라고도 한다.

3. 무산광산: 북한의 노천 철광산이다. 17세기 초 지방 주민들에 의해 소규모로 채굴되었으며 1913년 일본에 의해 본격 개발이 추진되어 1925년에는 소형 선광장이 건설되고 1935년에는 미쓰비시광업이 운영하기 시작하였다.

면, 이후 조선·기계·자동차산업 등으로 파급되는 효과는 어마어마
하지 않겠습니까?

또 부산이나 목포에서 한반도를 종단하여 중국, 시베리아, 몽골까
지 철도가 건설되면 한반도에서 중앙아시아, 중동을 거쳐 유럽으로
연결되는 교통망이 연결됩니다. 태평양 물류를 부산이나 목포, 여수
를 통해 한반도를 종단하여 중국, 몽골, 시베리아, 중동, 중앙아시아,
유럽까지 대륙으로 이동할 수 있다는 뜻입니다. 한반도가 바로 태평
양의 관문이 될 것입니다. 경제효과를 계산해 보면 천문학적 숫자가
나옵니다.

이기헌 국민들은 기억을 못할 수도 있겠지만, 실제로 남북이 이것
을 진행해 보자고 합의하기도 했었지요.

김진향 맞습니다. 북측에 개성공단 같은 단지를 10개, 20개 만들기
로 했었지요. 북측에 철도, 도로, 항만, 발전소 등을 새롭게 건설하
고, 북측 전 지역의 유무선 통신, 전력망을 남측이 주도적으로 국제
적 컨소시움을 형성해 건설하기로 했었죠. 이뿐만이 아닙니다. 백두
산, 금강산을 비롯한 북측의 주요 관광지를 남측이 주도하여 독점적
으로 개발하기로 합의했었지요. 바로 2000년 8월[4]에 있었던 합의입

———

4. 2002년 8월 개최된 제7차 남북장관급회담에서 경의선과 동해선 철도·도로의 착
   공에 합의하고, 2002년 9월 18일 경의선과 동해선 철도·도로 연결공사 착공식을
   동시에 개최하였다. 남북 철도·도로 연결과 관련하여 우리 정부는 2000년 8월 남
   북 간 합의 직후 범정부 차원의 '남북철도연결사업추진단'을 구성하고, 도로의 경
   우에는 지역의 특성을 감안하여 군에서 1차적인 공사를 담당하도록 하는 등 철

니다. 이게 바로 한반도 평화경제가 아니고 뭐겠습니까?

하지만 안타까운 건 참으로 어처구니없게도 한반도 분단체제가 그 합의를 저버렸다는 것입니다. 북측 지역에 거의 새로운 나라를 건설할 정도의 엄청난 규모의 천문학적 건설·토목 사업들 규모였습니다. 전력·통신·발전소·철도·도로·항만 건설의 독점적 사업이었습니다. 그 엄청난 규모의 천문학적 개발사업의 계약금이 5억 달러였습니다. 전체 사업 규모의 상상을 초월하는 이익을 생각하면 5억 달러는 참으로 보잘것없는 액수였습니다. 현물 1억 5천만 달러, 현금 3억 5천만 달러를 지급했는데 이것이 분단체제의 정치적 논리에 휘말려 '대북 송금 특검'으로 넘어가 버렸습니다.

국민들에게 이렇게 말씀드리고 싶습니다. 남북이 경제협력을 한다는 것은 대한민국 역사 이래 단 한 번도 겪어 보지 못한 어마어마한 경제적 대폭발을 담보하는 일이 된다는 겁니다. 그러니 남북 간의 경제협력을 도외시한 상태에서 경제를 이야기한다는 것은 참으로 어처구니없는 일이죠. 남북경협은 그야말로 대한민국 경제에 완벽한

도·도로 연결의 효율적 추진을 위한 조치를 취해 나갔다. 또한 우리 정부는 공사 구역이 비무장지대를 통과하는 만큼 환경영향평가와 지뢰 등 위험물 제거작업을 거쳐 철도·도로 연결공사를 추진하였다. 북한지역 철도·도로 연결에 필요한 자재와 장비는 우리가 북한에 유·무상으로 제공하였다. 이는 북한의 시설·장비 상태 등으로 볼 때 우리와 공사 보조를 맞춰 나가는 것이 어렵다는 점과 함께, 남북 철도·도로 연결이 우리가 지향하는 한반도 평화와 공동번영에 기여하는 바가 크고, 장기적으로는 대륙 철도와의 연결을 통해 우리 경제의 새로운 성장 동력으로 작용할 수 있다는 판단에 따른 조치였다. 우리 측은 당시 제공된 장비·자재의 투명하고 정상적인 사용을 위해 사용 현장 방문 및 기술지원을 지속적으로 실시하였다.

블루오션입니다. 평화의 실현은 기본이고요. 적대적 분단체제-전쟁을 넘어서는 가장 확실한 방법이 바로 남북경협입니다. 접경지역인 고양 시민들에게 더 와닿는 이야기가 아닐까 싶습니다.

이기헌 수도권 1기 신도시로 일산, 분당, 중동, 산본, 평촌 이렇게 5개 도시가 건설되었는데, 그중 규모를 갖춘 곳이 일산과 분당이었습니다. 당시 기록을 찾아보니까 접경선과 가깝다는 이유 때문에 일산은 더 환경친화적이고 쾌적한 도시로 만들어야 된다는 목표가 있었던 것으로 보입니다. 분당 용적률이 182%인데, 일산은 168%인 점도 그런 이유 때문이었을 테고요. 이런 이유로 일산은 건물이 노후화하더라도 여전히 쾌적한 도시 환경을 유지하게 된 건 분명한 사실입니다. 높은 산으로 둘러싸여 있지 않고 넓은 평야 지역을 이루고 있기 때문이기도 합니다.

김진향 고려의 도읍인 역사의 도시 개성을 품고 있는 산이 송악산인데, 그 곳에 올라가면 일산뿐 아니라 북한산까지 보입니다. 날이 맑을 땐 말이지요. 그만큼 북측 땅과 일산은 가깝습니다.

이기헌 일산의 초고층 아파트에서 북쪽을 바라보면 역시 송악산이 보입니다. 말씀하신 것처럼 이렇게 가까우니 평화가 꼭 필요한 도시입니다.

개성공단 이야기를 좀 해보겠습니다. 개성공단에 입주했던 기업체 분들을 만날 기회가 있었는데, 다시 그곳으로 돌아갔으면 좋겠다는 말씀을 많이 하십니다. 그만큼 장점이 많았기 때문일 텐데, 그때 남측 기업이 취할 수 있었던 장점이 무엇이었는지 구체적으로 말씀해 주실 수 있을까요?

김진향 기업의 목적이 무엇이겠습니까? 이윤 창출입니다. 남과 북이 개성공단을 통해 경제협력을 할 때 두 가지 목적이 있었습니다. 경제협력을 통해 남북이 평화를 만들고 남측 기업들이 돈도 번다는 것이었습니다. 우리 기업은 돈을 벌고, 북측은 신뢰를 구축해 평화를 제도화시키겠다는 게 목적이었습니다. 그게 바로 평화 프로젝트, 경제 프로젝트였습니다. 경제적 관점에서 본다면 우리 기업들이 얼마나 돈을 벌고, 또 대한민국 경제에 어떤 기여를 했는지가 핵심 질문이겠지요?

이기헌 네, 그렇습니다. 시간이 많이 지났지만 그걸 다시 국민에게 제대로 알려 줘야 남북 경제효과를 이해하실 수 있을 것 같아서요.

김진향 제가 대구 출신입니다. 대구 사투리로 '칼끼 없다'라는 말이 있습니다. '더 이상 말할 필요가 없을 만큼 최고다'라는 의미입니다. 개성공단의 남측 기업들의 표현입니다. 개성공단 사업은 더 이상 칼끼 없습니다. 개성공단에 입주했던 남측 기업들은 대부분 중국, 베트남, 인도네시아 등 제3국에서 노동집약 제품을 생산하던 기업체입니다. 이런 경험을 가진 분들이 전 세계 어느 공단을 가봐도 개성공단보다 더 좋을 수 없다고 이야기하는 겁니다. 첫 번째, 서울에서 1시간 거리입니다. 두 번째, 말이 통합니다. 세 번째, 책임감이 강한 노동자들과 일합니다. 그리고 네 번째 비용 절약, 즉 북측 노동자 임금이 매우 적다고 이야기를 해야 하는데, 이 부분은 참으로 민망합니다.

이기헌 매우 적은 금액의 임금을 지불했다는 것으로 알고 있습니다.

김진향 2004년 12월 기준, 북측 노동자 1인에게 지급한 임금이 5만 5천 원이었습니다. 일당이 아니라 한 달 임금입니다. 제일 많이 지급했을 때가 2015년입니다. 월 15만 원을 지급했지요. 더 확실히 와닿는 비유를 해 드릴까요? 남측에서 외국인 노동자 1명을 고용하는 비용이면 개성공단에서는 북측 노동자를 13~15명 채용할 수 있습니다.

이기헌 숙련된 노동자에 대화도 통하니 더할 나위 없는 좋은 조건이었겠습니다.

김진향 다시 한번 말씀드리지만, 우리는 이걸 경제협력이라고 생각했고, 북측은 평화 프로젝트라는 관점을 가지고 있었습니다. 그런 이유로 사회주의, 공산주의를 표방하는 북측에서 남측에 여러 혜택을 주었습니다. 세제 혜택, 금융 회계 혜택 등 대한민국에서는 납득할 수 없는 많은 혜택을 준 것입니다. 여기에 임금 인상률도 연 5% 이하로 묶어 버렸습니다. 최초 월 50달러에서 시작되었으니, 매년 기업 측에서는 얼마나 많은 이득을 볼 수 있었겠습니까? 이처럼 남북 경제협력이 갖고 올 폭발성, 장점들을 국민들이 모르는 게 매우 가슴 아픕니다.

남북평화의 봄은 다시 올 수 있을까

이기헌 우리가 문재인 정부에서 북미회담 견인차 역할을 하지 않았습니까? 그런데 이후에 남북관계를 더 진전시켜 나가지 못한 점이 매우 안타깝습니다. 이사장님은 북미회담이 결렬된 배경이 무엇이라고 보십니까?

김진향 노무현 대통령 참여정부 5년간 남북관계, 외교, 안보 쪽으로 일했고, 문재인 정부에서는 개성공단을 재개할 수 있도록 만드는 것에 집중했습니다. 정책은 항상 선택인데, 정부 일원으로 일하면서 이 선택이 옳은 것인지에 대해서는 늘 많은 고민이 있었습니다. 4.27 판문점선언, 9.19 평양선언이라는 화해 무드를 만들어 놓고 좀 더 과감하게 치고 나가지 못한 것이 천추의 한입니다. 한반도 분단체제 유지가 국가전략인 미국을 넘어서지 못한 우리 정부의 역량, 우리 스스로의 역량에 대해 성찰하지 않을 수 없습니다. 우리의 주권지역인 한반도에서, 한반도 문제의 당사자인 우리가 주도적 역할을 하지 못했다는 성찰이 필요합니다. 미국을 넘어서지 못했던 것이 우리 역량의 수준, 우리의 한계였다고 봅니다. 거기까지가 우리의 실력이었고, 그것을 극복하지 못했다는 것을 뼈저리게 자책할 수밖에 없습니다.

이기헌 북한이 핵과 투발 수단인 미사일, 잠수함 등을 고도화하고 있는 것은 미국을 협상 테이블로 나오도록 견인하겠다는 것 아니겠습니까? 그런 점에서 저는 북한이 계속 미국에게 시그널을 보내고 있다고 보는데, 이후 북미회담이 재개될 수 있을 거라고 보시는지요?

김진향 저의 세부 전공이 북측의 국가전략, 조선노동당의 당적 체계, 전략입니다. 그래서 이 부분에 대해서는 명확하게 말씀드릴 수 있을 것 같습니다. 윤석열 정부 임기 만료 전까지 남북 당국의 직접적인 관계 개선은 없을 것이라 단언합니다. 이후 남북관계가 복원되는 과정도 굉장히 어려울 것으로 전망합니다. 더불어 북미관계 개선도 없을 거라고 봅니다. 바이든 정부에서도 없을 것이고, 이후 포스트 바이든이나 트럼프가 재집권한다 해도 북미관계는 회복되지 못할 것입니다.

이기헌 그만큼 남북관계를 경험하고, 고민을 많이 하셨기에 경험적으로 단언하시는 거겠지만, 상황은 언제든 바뀔 수 있는 것 아니겠습니까?

김진향 남북관계 복원과 관련해서, 최소한 당국 관계의 복원에 대해 저는 매우 회의적입니다. 기본적으로 우리가 북측의 전략을 정확히, 제대로 인식해야 되는데, 여기서부터 인식의 오류가 크다고 봅니다. 한반도 평화의 새로운 시대를 열겠다고 천명했던 4.27 판문점선언과 9.19 평양선언의 약속과 합의가 아무런 성과 없이 좌절되어 가는 과정에서 문재인 정부 기간 동안 북측은 일관되게 지속적으로 남북관계는 없다고 강조했습니다. 더불어 현 정부는 물론이고 향후 어떤 정부가 들어서도 관계 복원이 어려울 것입니다. 북은 남북관계를 남측 정부가 주도적으로 풀지 못하는 문제를 미국의 문제로 보지 않고 남측 당국의 문제, 남측 사회 전반의 역량의 문제, 인식 수준이라고 보고 있습니다.

북측에 대해서 우리가 정확히 알아야 할 인식이 있습니다. 북은 남북관계나 북미관계에서 우리가 판단하는 것처럼 북측이 끌려다닌다고 생각하지 않습니다. 우리는 북측이 매우 수세적으로 끌려다닌다고 보는 입장이죠. 이것이 우리 인식의 오류입니다. 상황 인식 실패입니다. 우리는 북측이 늘 수세에 몰려 있다고 생각해요. 북이 어렵기 때문에 북이 종전과 평화를 받기 위해 뭐라도 움직이지 않을까 하는 우리 기준의 판단을 합니다. 하지만 이것은 우리가 북을 너무 모르는 것입니다. 진짜 한반도의 평화를 원한다면 절박하게 움직여야 하는 것은 우리입니다.

한반도의 분단을 현상 유지하는 것이 미국의 전략이라는 것은 우리 모두 알고 있지 않습니까. 그런 관점에서 미국 입장에서는 북에 대한 비핵화 요구, 비핵화 협상 테이블로 나오라는 것 자체가 분단 유지전략의 일환입니다. 북이 핵을 가진 이유가 미국의 대북 적대정책 때문인데, 북의 핵 보유는 미국의 대북적대정책의 결과물인데, 미국이 대북적대정책을 유지하면서 북에게 비핵화하라고 요구하면 북이 비핵화할까요? 미국이 대북적대정책을 유지하면서 북에게 비핵화 협상에 나오라고 하면 북이 나오겠습니까? 안 나오죠? 원인과 결과에서 원인을 제거해줘야 결과가 바뀌는데, 원인을 그대로 두고 결과를 바꾸라고 하면 바뀌겠습니까?

이런 상황에서 미국이 북에 대해 비핵화 협상에 나오라고만 계속 반복하며 분단체제는 그냥 유지됩니다. 악순환이죠. 2018년 북미 간 최초의 정상회담이었던 6.12 싱가폴합의에서 당시 트럼프 대통령은 김정은 위원장에게 종전-평화를 선물로 주고, 북이 한반도 비핵화에 서명하도록 합의했습니다. 즉 미국이 북측과 관계 정상화하고, 종전-평화협정을 상징적으로 추진하면서 북이 한반도 비핵화에 나서도록 합의했던 것입니다. 그 역사적 6.12 싱가폴합의를 깬 것은 바로 미국이었습니다. 역사적 합의였던 싱가폴합의조차도 미국이 손쉽게 깨는 마당에 다시 북이 미국과 비핵화 협상을 할까요? 그런 협상, 즉 비핵화 협상은 앞으로 다시는 없다는 것이 북측이 수차례에 걸쳐 반복적으로 천명했던 기본 원칙입니다. 앞으로 북미 간 비핵화 협상은 없습니다. 아니 협상 자체가 성립되기 힘들 것입니다. 북은 미국과의 협상에 전혀 관심이 없다고 이미 수차례에 걸쳐 이야기했습니다. 이런 상황에서 불안한 전쟁 위기가 일상적으로 위협인 것은 누구입니까? 바로 우리입니다.

이기헌 그러니까 이사장님은 지금 북한은 협상 테이블을 원하는 게 아니라는 말씀입니까?

김진향 네, 그렇습니다. 북은 남측에 대해서도, 미국에 대해서도 협상 테이블을 원하지 않습니다. 북이 미국에게 요구하는 것은 오직 하나입니다. 자신들에 대한 적대정책을 내려놓으라, 한반도 문제의 모든 것은 미국의 대북적대정책이 낳은 결과물들이다, 미국이 대북적대정책을 내려놓으면, 한반도 문제는 모든 것이 평화로워진다는 겁니다. 그래서 종전-평화협정 등을 일관되게 요구했고, 미국이 싱가폴에서 그것에 합의했다가 약속을 지키지 않자 '미국은 애초부터 한반도 평화에 관심이 없다'고 결론 내리고 다시는 그런 협상을 하지 않겠다고 한 겁니다. 그러면서 미국의 대북적대정책이 고조되면 고조될수록 북도 미국을 향해 적대를 고조시키겠다는 겁니다. 현재 한반도는 그렇게 전쟁 위기가 더욱 구조화-제도화되고 있는 상황입니다. 남측과의 관계와 관련해서는 한 마디로 남측에 기대할 것이 없고, 더 이상 어떤 기대도 하지 않겠다는 것입니다. '2000년 6.15 공동선도, 2007년 10.4 선언도, 2018년 4.27 판문점선언도 9.19 평양선언도 해 봤는데, 그 모든 정상회담의 약속과 합의들은 남측 당국이 거의 실천하지 않았다. 20년간 계속 도돌이표였다. 남북 간 합의해 놓고 정작 미국에 가서 그 합의와 약속을 실천해도 될지 물어보는 남측에 더 이상 기대할 것이 없다'는 매우 부정적인 인식입니다. 그래서 '남측에 더 이상 기대하지 않겠어. 앞으로 남측 당국과 정상회담 등의 그런 이벤트는 거의 하지 않겠어'라는 분위기가 있어요. 그러면서 당국 관계가 아닌 민간교류, 북측을 찾는 외국인 관광객, 해외동포들과의 일상적 교류, 인적-물적 교류 협력의 확대 속에서 평화의 정세를 모색하는 것 같습니다. 코로나19가 종식되면서 2023년 11월 말 이후 북측에 해외동포들과 외국인 관광객, 중국인 관광객들이 들어갈 것으로 전망됩니다. 그렇게 북측을 방문하는 외국인 관광객, 중국인, 해외동포들의 규모가 늘어나면 새로운 평화의 질서들이 열릴 것이라는 전망들도 있어요.

북은 한마디로 미국이나 남측에 결코 아쉬운 소리 하지 않겠다는 겁니다. 예전에는 "북미관계 정상화하자. 관계 정상화의 상징적 조치로 제재를 풀어달라. 제재를 풀면 우리 스스로 알아서 경제부흥 해 갈 수 있다."는 입장이었어요. 지금은 어떤 상황이냐 하면 미국에 대해서 "좋다. 적대를 유지하든 제재를 하든 상관하지 않겠다. 제재의 조건을 상수로 두고 우리는 우리 식의 길을 가겠다. 미국에 어떠한 것도 요구하지 않겠다. 선대선, 강대강의 원칙에서 미국을 대하겠다."는 것입니다. 이런 상황에서 우리가 핵 문제를 중심으로 북을 협상 테이블로 다시 끌어들일 수 있다고 생각하는 것은, 유효기간이 너무 오래전에 만료된 실패한 정책의 되풀이밖에는 안 됩니다.

이기헌 한미일 군사협력 체계를 군사동맹까지 바라보는 새로운 나토(NATO)로 판단하시는 분들이 많습니다. 북한에게 러시아와 중국과의 관계를 재정립하는 기회를 주었을 뿐만 아니라, 유엔의 대북제재를 회피하는 하나의 기회 요인을 준 것이 아닐까 하는 평가도 있습니다. 이사장님은 어떻게 판단하고 있는지 궁금합니다.

김진향 한미일 군사협력은 태평양판 나토와 다름없지요. 필요에 의하면 언제든 만들 수 있습니다. 1960년대 케네디 대통령도 박정희 대통령에게 한일 간 과거사 문제를 매듭짓고 관계 정상화해서 미국 중심의 일본-한국 동맹체제를 만들려고 했지요. 미국의 일관된 전략입니다. 유럽에 나토가 있다면, 태평양은 미국을 중심으로 한미일을 묶어서 협력과 동맹을 공고히 하자는 겁니다. 그런데 이 구도에서 우리는 완벽한 호구가 된다는 생각을 갖고 있습니다.

한미일 삼각 군사동맹 체제를 핵심으로 호주 및 캐나다 등이 합세했을 때 이 체제의 갈등, 분절, 충돌의 전쟁터가 바로 한반도입니다. 유럽의 나토는 유럽 질서 속에서 소련, 러시아의 방어 전선을 구축한 겁니다. 아직 전쟁이 안 끝난 한반도는 북쪽으로는 북한, 러시아, 중국까지 연결되어 있지요. 전쟁터가 우리 땅이 되는 것은 불 보듯 빤한 일입니다. 그 엄청난 세력의 충돌 지점을 우리가 우리 손으로 제공한 겁니다. 설사 물리적 충돌이 발생하지 않더라도 대한민국의 정치적, 경제적 국제 위상에서 봤을 때 너무 많은 적을 만들어버리는 셈입니다. 왜 우리가 직접 위협도 하지 않는 러시아와 중국을 현실의 적으로 만들어야 합니까?

국제 정치무대에서 자국의 국익이 절대선입니다. 그런데 미국과 일본의 입장에서는 이익이 있을지 몰라도 우리한테는 엄청난 국력 손실입니다. 분단체제, 전쟁체제를 살아가는 한반도에서는 남북의 평화적 관계를 중심축으로 미-일-중-러 6자의 동북아 평화협력을 모색하는 게 맞죠. 왜 싸웁니까? 협력하고 평화롭게 공동 번영해야지요. 한반도에서 남북의 분단을 중심으로 서로 죽고 죽이는 전쟁동맹을 할 것이 아니라 한반도의 평화적 남북관계를 중심축으로 미-일-중-러 모두가 공존공영하는 동북아 평화협력체 구상을 우리가 주도적으로 내놓아야지요. 저는 동북아 평화협력 구상을 줄기차게 주장해왔습니다. 그런 측면에서 한미일 군사동맹 체제는 대한민국의 철저한 희생, 한반도를 살아가는 8천만 구성원들의 철저한 희생 위에 만들어지는 것임을 명심해야 합니다.

이기헌 지금까지 제가 알고 있는 상식이나 판단과는 다른 이야기를 해 주셨습니다. 북한의 투발 수단, 핵 개발 고도화가 협상 테이블을 위한 게 아니라는 말씀이신 거죠?

김진향 싱가포르에서 트럼프는 김정은 위원장에게 분명히 종전평화협정을 약속했습니다. 김정은 위원장이 4.27 판문점선언에서 문재인 대통령과 합의했던 것을 미국이 보장하겠다고 트럼프 대통령이 약속했지요. 그런데 트럼프 대통령은 이 약속을 깼습니다. 미국이 싱가폴 합의의 약속을 엎어 버린 겁니다. 북측은 미국과의 협상을 통해서 소위 말하는 종전평화, 실질적인 정상국가화를 이루고자 했던 그간의 모든 노력이 수포로 돌아가고 완벽히 실패한 겁니다. 북측 스스로 미국과 우리에게 완벽히 속았다는 생각을 갖고 있습니다.

전통적으로 북측의 비핵화 전략은 '전 세계의 비핵화'였습니다. 미국의 핵도, 러시아의 핵도, 중국의 핵도 모두 내려놓아야 한다, 그러면 북측도 핵을 포기하겠다는 것이었습니다. 그런데 김정은 위원장이 미국(트럼프 대통령)·남측(문재인 대통령)으로부터 한반도 종전-평화협정, 미국과의 관계 정상화를 담보로 '한반도 비핵화'로 양보한 것입니다. 그런 전제를 바탕으로 싱가포르합의를 한 것이었는데, 미국이 다 엎어 버렸지요. 믿었던 남측 문재인 대통령에 대해서도 섭섭함을 감추지 않죠. 그래서 '더 이상 협상하지 않겠다, 이제 새로운 정세에 맞게 세계적인 핵 전략국가의 지위에 올라서겠다'고 선언한 거죠. 그래서 이런 상황에서 핵 문제를 다시 협상 테이블로 올리는 것은 전혀 실효성이 없는, 오히려 관계를 악화시키는 철 지난 의제 라는 겁니다. 협상의 적절한 의제인가 아닌가, 라는 수준이 아니라, 향후 남북이나 북미 간에 협상 테이블이 성립 가능한가 라는 근본 적인 질문을 던져야 합니다. 당국 간 협상은 당분간 없다고 보는 것 이 정확한 전망입니다.

이기헌 윤석열 정부는 북을 적대시하니 관계 개선이 쉽지 않아 보 이고요. 다음에 김대중, 노무현, 문재인 정부의 통일정책을 계승하는 정부가 들어선다고 하면 어떤 카드를 가지고 대화를 시도해야 합니 까?

김진향 이후 새로운 정부가 등장해도 당국 관계의 복원은 쉽지 않 을 겁니다. 그럼에도 불구하고 우리가 북측과의 관계 복원을 위해 할 수 있는 것은 간단합니다. 북측 당국은 무엇을 원할까요? 북이 원하는 것이 실은 우리가 원하는 것입니다. 우리가 이렇게 제안하면 어떨까요? "약속은 지키고, 합의는 실천하겠습니다. 남북 간 정상회 담의 합의였던 6.15, 10.4, 4.27, 9.19의 약속을 지키고 합의는 실천하 겠습니다." 이 분명한 메시지를 진정성 있게 실천한다면 남북관계는 시나브로 열리게 될 것입니다. 전쟁의 땅에서 평화는 기본 과제입니 다. 적대를 내려놓고 평화를 만드는 일은 누구랄 것도 없이 먼저 적 대관계 종식을 위한 기존의 약속과 합의를 지키면 됩니다. 북측 입 장에서는 기존의 남북합의였던 6.15, 10.4, 4.27, 9.19가 실천되지 못한 것은 미국 탓도 있지만 정작 합의의 당사자였던 남측이 미국 핑계를 대며 실천하지 않았다는 의견이 지배적입니다. 우리가 곱씹어 봐야 합니다. 네 번의 합의는 누가, 왜, 안 지켰을까요? 미국의 문제였을까요? 우리에게는 어떤 문제가 있었을까요? 그만큼 진지하게 들여다볼 성찰의 시간도 우리에겐 없었습니다. 남북 당국 관계 복원, "약속은 지키고 합의는 실천하겠다. 새로운 뭔가를 다시 약속하고 선언하자고 하지 않겠다. 기존의 4대 합의 중 먼저 우리 스스로 할 수 있는 것부터 우리 스스로 진정성 있게 실천하겠다."라는 기조를 녹여 낸다면 시나브로 남북 당국 관계가 복원될 겁니다.

이기헌 기본적으로 우리가 북한과 무언가를 협상하려고 할 때 미국, 유엔을 무시할 수가 없습니다. 정전협정 당사자가 유엔이니까 말입니다. 그래서 말씀하신 것처럼 새로운 정부에서 협상을 실천하려고 해도 유엔 제재 틀 안에서 현실적인 제약이 있지 않겠습니까? 한미 워킹그룹[5]이라고 하는 미국 중심의 대북 접촉 프로세스에 대한 검증 기구가 발목을 잡고 있는 것도 현실이고요. 이러한 대북 체제의 틀을 우리가 극복할 수 있습니까?

김진향 제재와 무관한 걸 하면 됩니다. 남북의 만남 자체는 제재 위반이 아닙니다. 위에서도 말했지만, 북한은 남한에 뭘 요구하지

---

5. 한국과 미국 정부가 남북관계와 남북 협력, 그리고 그에 따른 대북 제재 관련 사안을 조율하기 위해 만든 협의체. 2018년 11월 미국 워싱턴 D.C.에서 첫 회의를 가진 뒤 정례적으로 회의가 열려고 있다.

않습니다. 합의를 위한 만남이 아니라 그냥 만남 자체가 목적이어야 합니다. 인적 교류를 먼저 하는 겁니다.

북측이 2022년 2월에 〈해외동포권익옹호법〉을 발표했습니다. 2023년 말이 후 해외동포들과 외국인 관광객들이 북을 방문하게 될 겁니다. 그런데 한미일 3개국은 제외시켰습니다. 이 3개국은 북한에 입국하는 자국민을 처벌합니다. 그런데 새 정부에서 이걸 풀면 어떻게 될까요? 관광객으로 북을 가게 되면, 자연스럽게 관계가 부드러워지지 않겠습니까? 관광객이 늘어날수록 북에 부정적인 감정도 줄어들 테고요. 금강산, 개성을 관광하던 시대를 생각해 보면 됩니다. 정부 당국 간의 직접적 사업 없이 민간 시민사회의 자유로운 교류를 허용한다면 어렵고 애매한 지점들은 금방 해결될 것이라고 봅니다. 제재와 무관한 영역은 무궁무진합니다. 당국이 미국과의 관계 속에서 애매한 지점은 민의 지혜를 믿고 민이 힘을 활용하는 것이지요. 그리고 남북 당국 간의 평화적 관계의 목표는 민의 자유로운 왕래를 통한 평화실현이 목적입니다. 우리가 제재의 프레임에 갇혀서는 한 발짝도 나가지 못합니다.

이기헌 북한의 궁극적인 목표는 남북의 정치적 통일이라는 거대 담론이 아니고 평화체제 유지다, 이렇게 봐도 되나요?

김진향 대한민국에는 〈민족공동체 통일방안〉이라는 국가의 공식적인 통일방안이 있습니다. 1989년 노태우 정부 당시에 국회에서 천명한 우리나라의 공식 통일방안입니다. 문제는 국민들이 통일교육의 부재 속에서 잘 모른다는 겁니다. 중요한 것은 우리나라의 공식 통일방안인 〈민족공동체 통일방안〉은 통일을 수십 년간의 오랜 평화적 과정, 즉 남북이 평화공존-평화번영하는 수십 년간의 오랜 평화적 과정을 통일로 봅니다. 한마디로 평화가 통일이라는 거죠. 그리고 남과 북은 2000년 6.15 공동선언에서 통일의 과정과 절차, 방법에 합의를 하죠.[6] 그 합의한 통일의 방법이 바로 수십 년간의 오랜 평화공존-평화번영의 과정입니다. 한마디로 남과 북은 평화에 합의한 겁니다. 휴전선이 허물어지고 한쪽의 체제와 제도가 다른 한쪽을 잡아먹는 그런 폭력적 통일을 합의한 게 아닙니다. 남북 간의 합의는 정치적 통일이 아니고 평화적 통일이 주 내용입니다. 이제 전쟁을 끝내고 평화를 실현하자는 것이지요. 남과 북이 적대적 관계를 청산하고 서로 경제협력도 하고 여행도 다니면서 점진적으로 통일해 나가는 방향으로 가자는 것입니다. 북한도 여기에 합의했습니다. 그렇다면 뭐가 어렵겠습니까. 당장 할 수 있는 일입니다.

이기헌 남북평화, 참 쉽다. 오늘 제가 이사장님과 이야기를 나누면서 내린 결론입니다. 고정관념을 깨는 이야기를 많이 해 주셔서 고맙습니다.

---

6. 6.15공동선언 2항 "남과 북은 나라의 통일문제를 남측의 연합제안과 북측의 낮은 단계의 연방제안이 서로 공통성이 있다고 인정하고 이 방향에서 통일을 지향시키기로 하였다."

08

김연철

현 한반도평화포럼 이사장
현 인제대학교 통일학부 교수
전 통일부 장관

문재인 정부의
평화 프로세스

—

이기헌   오랜만에 뵙습니다. 요즘 어떻게 지내시는지요?

김연철   이제 학교로 복귀해서 다시 강단에 서고 있습니다. 강의가 없을 때는 한반도평화포럼 이사장으로서 공부도 하고 행사 준비도 합니다.

이기헌   지난번 장관님이 이사장인 한반도평화포럼에서 준비한 9.19 군사합의 5주년 기념식은 대단히 성공적이었습니다.

김연철   한반도평화포럼이 만들어진 지 한 15년 정도 되었습니다. 임동원·백낙청 명예이사장님을 비롯해서 전직 장관님들이 참석해 주셨고, 문재인 전 대통령도 이번 기념식에 참석하셔서 더 뜻깊었던 것 같습니다.

　남북군사합의를 기념해야 할 중요한 계기들이 몇 가지가 있습니다. 김대중 정부의 6.15 정상선언, 노무현 정부의 10.4 정상회의, 문재인 정부의 4.27 정상회담과 9.19 군사합의와 군사합의서 등을 기념함으로써 남북관계 개선에 필요한 담론을 확산할 수 있지요. 이것이 한반도평화포럼의 중요한 과제라고 생각합니다.

이기헌   가장 어려운 국가 난제에 계속 관심을 두고 이어가신다는 점에서 안타깝기도 하고 기대도 됩니다.

남북관계가 2018년 평창올림픽 이후로 불길처럼 개선되면서 남북미대화도 이루어지고, 남북회담은 두 번이나 진행되었고요. 평양선언까지 하면 총 세 번의 만남이라고 할 수 있지요. 그렇게 좋은 시절이 있었는데, 하노이에서 미국과 북한이 큰 합의에 실패한 뒤에 이사장님이 통일부 장관으로 취임하셨습니다. 문재인 정부가 추진했던 한반도 평화 프로세스가 최고점을 찍은 뒤 좀 어려워진 상황에서 통일부 장관직을 맡으셨는데요. 학자로서, 통일운동 활동가로서 큰 역할을 오랫동안 하셨기에 문재인 정부의 평화 프로세스에 대한 여러 가지 판단이 있으리라 생각합니다. 성과와 아쉬웠던 점에 대해 총평을 부탁드립니다.

김연철   많은 분들이 남북관계를 남북 양자의 관계로 생각하기 쉽습니다. 하지만 사실 남북관계는 국제관계입니다. 한국전쟁 이후 남북관계를 평가해 보면 어느 정도 국제정세가 뒷받침되어야 진전이 가능한 구조입니다. 2000년 6.15 남북정상회담, 노무현 정부의 10.4 정상회담 때도 마찬가지였습니다. 문재인 정부 시절의 회담도 남북미 삼각관계가 어느 정도 선순환되었을 때 진전할 수 있었습니다.

그러다 보니 2019년 2월 하노이 회담처럼 북한과 미국 사이에 의견 차이가 발생해 결렬되었을 때 남북관계의 공간은 협소해질 수밖에 없습니다. 참 안타깝다는 생각이 많이 드는 동시에 앞으로 우리가 남북관계를 개선하려면 이 점을 간과해서는 안 된다고 생각합니다.

남북한의 평화와 공동 번영을 위해서는 남북 양자 사이의 불신을 신뢰 관계로 바꾸고 현안들을 해결해 나가는 노력도 중요하지만, 그것만큼 중요한 것이 남북관계가 진전될 수 있도록 국제 환경을 만들어 나가는 것이 우리가 고민해야 할 지점이라고 생각합니다.

이기헌 하노이 회담이 북미관계가 전환될 수 있는 획기적인 사건이 될 수 있었는데 결국 성공하지 못하고, 그 뒤로는 그런 기회가 오지 못하고 있습니다. 그 뒤로 남북관계도 대단히 어려웠습니다. 이후 코로나19가 유행하면서 남북은 결국 2018년, 2019년 때처럼 만날 수 있는 기회를 만들지 못했습니다.

장관님은 북한이 하노이 회담에서 생각했던 지점, 합의 지점은 무엇이었고, 결국 합의를 이뤄내지 못한 이유는 무엇이라고 생각하십니까?

김연철 북핵문제는 역사가 깁니다. 1990년대부터 시작한 위기이고, 30년 이상 계속되고 있는 문제지요. 그동안 이 문제를 해결할 수 있는 매우 중요한 계기들이 있었지만 합의 이행이 지속되지는 못했습니다. 이렇게 누적된 문제다 보니 앞으로 해결되기까지 시간이 오래 걸릴 것이라는 걸 일단 염두에 두어야 하겠습니다.

2018년 남북관계의 국면을 어떻게 평가하느냐는 질문을 주셨는데, 처음부터 한계가 있었던 것 같습니다.

이기헌 어떤 한계가 있었습니까?

김연철 북한과의 관계 개선 측면에서 평창이라는 무대는 분명히 긍정적인 부분이었겠지만, 2018년 북한이 협상의 무대에 등장한 것은 자기들이 핵을 보유했다는 점을 전제로 했기 때문입니다. 매우 상충적인 상황을 갖고 국면이 시작된 것이지요. 우리나 미국은 북한 비핵화의 상응 조치로 평화체제 구축이라든가 경제협력 카드를 구상한 것인데, 북한은 처음부터 핵 보유를 전제로 협상에 나섰습니다.

그런데 2018년 협상과정을 통해 북한이 비핵화라는 목표를 분명히 해두어야 한다는 것을 설득했습니다. 2018년 남북정상 합의문, 2018년 6월 싱가포르에서 이루어진 북미공동정상회담 선언문에도 비핵화라는 목표가 설정되었습니다. 이 점은 분명 외교적인 성과라고 평가할 수 있습니다.

문제는 비핵화라는 목표에 도달하는 과정입니다. 이 문제에 관련해서는 북한과 미국 사이에 좀 더 깊이 있는 실무협의를 통해 정상회담을 추진했다면 좋았겠다고 생각합니다. 하지만 미국도 협상의 진정성과 구체적인 실무 준비가 부족했고, 북한도 마찬가지로 협상과정에서 구체적인 부분에서 실무협상에 참여한 사람들의 융통성과 협상력이 한계가 있었습니다. 그래서 견해차를 좁히지 못했습니다. 이처럼 북핵 협상의 특성 때문에 하노이 회담이 성공하기 쉽지 않았던 상황이었다고 봅니다.

그리고 북한은 남방정책을 추진하면서 동시에 북방에도 상당히 노력했습니다. 그중에서도 북중관계에 집중하지요. 김정은 체제가 등장할 때 장성택의 처형으로 인해서 중국과 관계가 얼어붙었는데, 북한은 한미 양국과의 관계 개선을 지렛대로 2018년부터 2019년 6월까지 중국과 5번의 정상회담을 합니다. 그동안 소원했던 중국과의 관계를 남방정책을 추진하면서 줄타기 외교를 한 것입니다. 북한은 북중관계를 정상화하고 난 이후에는 남방정책에 소극적으로 전환했습니다. 마침 미국과 중국의 전략 경쟁이 본격화되는 국면이다 보니 남방정책에서 북방정책으로 외교의 우선순위를 아주 변경했습니다. 그래서 2019년 2월 하노이 회담 결렬 이후, 협상 재개의 계기를 잡기가 어려웠습니다.

이기헌　이제 더 이상 남북미 또는 북미, 남북이 더 이상 정치적으로 유효한 협상으로 가기는 어렵다고 북한이 전략적 판단을 하고 있다고 보시는 겁니까?

김연철　이런 걸림돌을 극복해 나가면서 한 단계 더 나아가기 위해서는 제재를 조금 더 유연하게 판단했으면 좋았겠다고 생각합니다. 2017년 북한이 핵무장 완성을 위해 질주하는 국면에서 그 이전과 비교할 수 없는 4개의 유엔 안보리 결의안이 채택되었습니다. 군수물자를 제한하는 정도가 아니라 그야말로 북한 경제력을 약화하는 데 초점을 맞추었기 때문에 남북관계의 공간을 협소하게 만든 제재였다고 생각합니다. 2019년 하노이 회담에서 단계적으로 접근했으면 좋지 않았을까 생각합니다. 북한이 영변을 포기하는 대신, 부분적으로 제재를 완화하는 협상을 받아들였다면 북핵문제는 완전히 달라졌을 것입니다. 조건부 제재 완화를 스냅백 방식이라고 하지요. 북한은 남방정책과 북방정책 두 개를 저울질해가며 접근했는데, 남방정책에 한계를 느끼자 뒷배가 되는 중국과의 관계에 집중하겠다고 판단한 것입니다. 그런 차원에서 봤을 때 우리가 다른 방식으로 남북관계를 만들어 갔으면 결과가 달라지지 않았을까 하는 생각입니다.

이기헌 남북대화가 본격화된 이후에 미국 요청으로 유엔 제재의 틀을 일정하게 점검하는 워킹그룹이 만들어지지 않았습니까? 워킹그룹이 회담의 속도와 내용에 따라서 북한에 대한 제재를 좀 유연하게 판단해 주고 역할을 해주길 기대했는데 그렇지 못했습니다. 2023년 9.19 군사합의 5주년 기념식 때 정세현 전 통일부 장관이 지적한 부분이 생각나더군요. 그 당시 강경화 외교부 장관은 그럴 수밖에 없었던 객관적 현실이 있었다는 점을 이해해 달라고 말씀하셨습니다. 남북관계에 있어서는 통일부가 주도해야 하고, 또 유엔의 대북 제재에 대해 대한민국이 어느 정도는 영향력을 행사해가며 조정할 수 있어야 하는데, 그럴 힘이 없었다는 게 안타깝습니다.

남북관계는 개선할 수 있을 것인가

이기헌　남한에게 남북관계를 개선할 수 있는 기회가 온다면 결국 미국이 주도하고 있는 유엔의 대북 제재를 풀어나가야 할 텐데요. 실제로 그렇게 가능한 상황을 만들 수 있겠습니까?

김연철　일단 워킹그룹에 대한 오해를 먼저 풀어야겠습니다. 워킹그룹은 말 그대로 실무협의라는 뜻입니다. 2017년 강력한 유엔결의안이 채택되니 북한과의 경제협력 자체는 불가능한 상태가 되어 버렸습니다. 인도적 지원은 가능하지만, 실행 과정에서 제재를 면제 받아야 하는 절차가 있었지요. 아시다시피 유엔결의안은 국제법입니다. 대한민국 정부 차원에서 국제법을 무시하기는 어렵습니다. 그래서 대북 제재 면제를 조금 더 신속하고 효율적으로 하기 위해 워킹그룹을 만든 것입니다. 어차피 뉴욕의 유엔 제재면제위원회에 신청하면, 거기서 미국 정부와 협의해야 승인이 나는데, 미국 정부와 협의해서, 절차와 시간을 줄여보자는 생각이었지요. 워킹그룹 자체가 문제가 있다고 보기는 어렵고, 워킹그룹의 운용을 조금 더 유연하게 했으면 좋았겠다는 의견입니다.

　사실 한반도 정책에 대해서 미국의 접근은 우리와는 조금 다릅니다. 우리에게는 당장 직면하고 해결해야 하는 현안이 있습니다. 중단된 이산가족 상봉도 진행해야 하고, 접경지역의 평화와 교류도 필요합니다. 하지만 미국은 외교전략적으로 대북정책을 판단한다는 점에서 차이가 있습니다. 이런 차이 때문에 우리가 좀 더 적극적으로 미국을 설득하거나 우리 주권과 관련된 부분들은 원칙을 갖고 대응을 해야 할 것으로 생각합니다. 이런 아쉬운 점들이 이후 정부에 좋은 교훈이 될 것입니다.

중요한 것은 우리 내부적으로 외교부와 통일부 입장 중 어느 것을 중시하냐에 따라서 의견 차이가 있다는 점입니다. 이런 의견 차이가 있을 때 어떻게 조율을 해나갈 것인가, 외교 안보 부처의 정책 조정 체계를 조금 개선해야 할 것 같습니다.

이기헌 제가 문재인 정부의 외교 비서관실에서 1년 정도 일했습니다. 그 당시에 느꼈던 것이 외교부가 외교 안보 사안을 바라보는 시각과 통일부와 국방부가 바라보는 시각, 국정원이 바라보는 시각이 각각 다르다는 점이었습니다. 사사로운 충돌도 많고 이해관계를 조정해 나가기도 대단히 어려웠습니다.

김연철 당연합니다. 부처의 성격이 있으므로 강조점도 분명 다릅니다. 그렇게 상충하는 정책 목표가 있을 때 어떻게 조율해서 정부가 원래 구상했던 외교 목표를 달성하느냐 하는 것도 제도적인 측면에서 개선해야 할 겁니다. 일종의 내부 협상인데, 그것을 얼마나 잘 해내느냐 하는 것도 정부의 역량을 판단할 때 중요한 지점입니다.

이기헌 그런 측면에서 국가안보실이 그 역할을 안정적으로 해주어야 하겠지요.

김연철 모든 정책이 그런 아쉬움을 갖고 있습니다. 중요한 것은 부족한 점은 보완하면 된다는 것이지요.

이기헌　이사장님이 통일부 장관 재임 시절에 북한이 개성의 남북 연락사무소를 폭파한 일이 있지 않았습니까. 입에 담기 어려운 악담도 있었습니다. 그 뒤로 문재인 정부가 끝나는 2022년 5월까지 남북관계는 계속 어려운 국면에 처했습니다.

　북한의 이러한 태도 변화가 단기간의 전술적 판단에 기인한 것이 아니라 더 이상 남북관계의 대화에서 실리적으로 얻을 수 있는 게 없다는 판단하는 것 아닐까요? 이사장님은 어떤 의견을 갖고 계시는지요?

김연철　북한 체제의 특징은 정책 결정이 지도자에 집중되어 있다는 것입니다. 그러므로 지도자가 직접 나섰는데도 협상이 결렬된 것에 대한 감정적인 분노가 있을 것으로 보입니다. 외교 측면에서 국제사회의 규범과 품격을 지켜야 하는 부분이 있는데, 북한의 외교적인 발언의 수위나 내용을 보면 국제사회와 좋은 관계를 맺는 걸 거부하는 것처럼 보입니다. 북한의 험악한 말은 여론을 악화시키기에 정부가 협상 능력을 발휘하는 데 상당한 애로 사항이 될 수 있습니다.

　북한의 이러한 태도에 대해서 남한의 보수 인사들은 우리도 북한처럼 당당하게 대응을 해야 한다는 의견을 내기도 합니다. 이런 의견도 일리는 있습니다. 그렇지만 정부는 감정적으로 일하는 조직이 아닙니다. 한반도 정세를 안정적으로 관리해서 군사적 긴장을 낮추고 국가의 이익을 좀 더 높이는 방안을 모색하는 것이 정부의 역할입니다. 북한이 감정적으로 대처하고 우리가 그에 맞추어 감정적으로 대응하면 정작 문제는 누가 해결합니까? 정부가 협상할 때 나름 대로 우리 국민이 원하는 부분을 고려해서 북한에 관해 이야기합니다. 그렇지만 우리가 내부적인 협상 내용을 다 공개하지 못하는 이유는 문제를 해결해야 할 상대방을 불필요하게 자극할 필요는 없다고 판단하기 때문입니다. 이런 부분까지 고려하는 성숙한 외교가 필요합니다.

이기헌 말씀하신 대로라면 장기적인 관점에서 봤을 때 남북관계의 개선에 많은 시간이 필요한 듯합니다. 그 이유가 뭐라고 생각하십니까?

김연철 북한이 남한을 인식하는 내용을 들여다보면 답을 알 수 있습니다. 지금까지는 남북은 민족적인 관점에서 접근했는데, 우리 젊은 세대뿐 아니라 북한에서도 2개의 국가론 여론이 더 강화되고 있는 추세인 듯합니다. 세대가 바뀌면서 나타나는 자연스러운 현상입니다. 그러다 보니 북한에서도 남방외교의 방식에서 벗어나 중국과 러시아 사이에서 자신들의 전략적 이익을 극대화하기 위해 움직이고 있는 것이지요. 이러한 진영화는 장기적이고 구조적이기 때문에 우리로서는 상당히 고민해야 할 지점입니다.

그런데도 한반도는 분단국가이고, 분단의 현실이 남북 모두에게 영향을 미치고 있습니다. 접경을 맞대고 있는 현실에서 긴장은 계속될 테고, 우리 금융시장에 미치는 영향도 있습니다. 이산가족 문제도 계속 해결해야 할 문제이고요. 이러한 구조에서 우리가 어떻게 남북관계를 관리해야 할 것인지는 매우 큰 고민 지점입니다.

접경지역 고양시의 경제발전은 가능할까

이기헌   만만치 않은 과제가 우리에게 주어진 것 같습니다.

화제를 지역으로 돌려보겠습니다. 제가 사는 고양시 일산신도시는 지역 발전이 정체되어 있고 고령화 되어 가고 있는 지역이라, 주민들의 불만이 상당합니다. 남쪽에 위치한 여타 신도시와 비교해 북쪽에 있어 안보 위험성이 있을 때마다 심리적 충격이 있습니다. 지금의 저성장도 이렇게 장기적인 긴장 상태가 누적된 결과라고 보는 분들도 있습니다. 이러한 접경지역 주민들이 가진 어려움을 이사장님은 어떻게 이해하고 있고, 또 제안해 주실 해결 방안도 있을까요?

김연철   저는 고향이 강원도입니다. 그러다 보니 접경지역, 특히 비무장지대와 관련해서 관심이 많습니다. 장관 재직 시절, 이 비무장지대의 평화적 이용과 관련해서 체계적으로 조사도 하고 발전 방안을 만들기도 했습니다. 앞으로 우리는 남북관계가 경색되더라도 접경지역을 어떻게 발전시킬 것인가는 남북 간 공통의 이해라고 생각합니다.

비무장지대가 북쪽으로 2km, 남쪽으로 2km이고, 민통선까지 합치면 전체 국토에서 차지하는 공간이 적지 않습니다. 국토의 핵심인 허리 부분을 우리가 비워 두고 있는 상황입니다. 그리고 이 지역과 맞대고 있는 고양시, 김포시 등은 대도시입니다. 그런 이유로 미래 발전 전략 차원에서 이러한 특징을 잘 살려나가는 게 중요한 과제라고 할 수 있습니다. 접경지역은 군사적 긴장이 높을 때는 전방이 되지만, 긴장을 완화하거나 서로 협력하면 완충 공간이 됩니다. 그런 특성을 잘 살려서 산업 협력 도시나 평화 관광 도시의 거점 공간으로 만들 수 있지 않을까 생각합니다.

이기헌 고양시 지형이 약간 삼각형 형태인데요. 남쪽 지역은 전체가 한강과 인접해 있습니다. 대부분 철조망이 설치돼 있었는데, 일정 부분은 철거가 되었습니다. 하지만 아직도 시민들이 자유롭게 출입하기 어렵고, 평화적으로 한강 하류를 이용하지도 못합니다. 임진강과 한강이 만나는 지점의 조강은 서해안과 만나는데, 조선시대까지는 물류 중심이었다고 알고 있습니다. 당시에는 세금으로 쌀을 공출했는데, 배 이동이 쉬웠기에 서해안을 통해 서울로 보내진 것이지요. 이처럼 경제적으로 큰 물류 통로였는데 지금은 이용은커녕 가볼 수도 없는 곳이 되어 버렸습니다. 이사장님이 의견을 주신 것처럼 평화 관광의 시발지가 된다면, 한강의 자유로운 이용과 경제적 활용 면에서 고양시가 대단히 큰 성장 동력을 갖게 될 텐데 그러지 못한 현실이 대단히 아쉽습니다.

  그리고 고양시 토지의 37%가 아직도 군사시설보호구역입니다. 파주는 70%가 넘습니다. 이런 부분도 지역발전의 한계 요인이기도 합니다. 이런 문제를 시급하게 풀어야 하는 것이 지역 정치인들이 해야 할 일이 아닌가 싶습니다.

김연철 파주의 오두산전망대는 한강에서 임진강을 가기 전에 가장 중심적인 위치에 있습니다. 그러므로 전체적으로 철조망을 철거하는 계획인 것으로 알고 있습니다. 철거 작업이 진행된다면 환경생태 문제도 함께 고민해 보았으면 합니다. 철조망이 제거됨과 동시에 자연을 더 이상 훼손하지 않고 생태적인 측면에서 활용하면 좋을 것 같습니다. 특히 비무장지대 서부측은 특성을 살려 접근해야 할 것으로 보입니다. 한강 하구처럼 분단의 현장을 실감할 수 있는 공간이 우리나라에 적지 않습니다. 그런 차원에서 평화 관광의 가능성을 크게 열려 있습니다. 앞으로 권한이 생기신다면, 이런 부분을 세밀하게 들여다보고 구상해 주시면 좋겠습니다.

이기헌 고양시는 신도시이면서 고학력 인구도 많습니다. 현재 인구도 108만 명으로 폭발적으로 늘고 있지요. 면적도 넓고 발전가능성도 높은데 이러한 평화 문제가 불거질 때마다 제약 받아 온 것이 큰 아쉬움입니다. 앞으로 이 문제를 신속하고 안정적으로 해결될 수 있도록 노력해야겠다는 생각입니다.

김연철 저도 도울 일이 있으면 적극적으로 돕겠습니다.

이기헌 이사장님을 비롯하여 한반도평화포럼이 함께해 주신다면 큰 힘이 될 것입니다. 고맙습니다.

2장

이기헌이
답하다

09

파란고양이

이기헌의
인생네컷

—

파란고양이 민주당의 총선 승리를 위해 고양시 병에서 새롭게 정치 활동을 시작한 이기헌 '일산광장' 대표를 만나 이야기를 나누어 보겠습니다. 안녕하십니까, 이기헌 대표님.

이기헌 네, 안녕하십니까. '일상광장' 이기헌입니다.

파란고양이 당원들에게 대표님을 소개하는 데 있어서 최근 관심사가 무엇인지 살펴보는 게 좋을 것 같습니다. 현재 SNS 프로필 사진을 보여 주시겠어요?

파란고양이 아! 여긴 어디죠?

이기헌 작년에 아내와 함께 산티아고 순례길을 걸었는데요.

지금 이 사진은 종착지인 산티아고 데 콤포스텔라 대성당[1] 앞에서 찍은 것입니다. 31일 동안 1,200km 정도 걸었습니다.

파란고양이　산티아고 순례길을 걷게 된 계기가 있습니까?

이기헌　솔직하게 말씀드려야겠죠? 마음이 좀 힘들어서 아내와 함께 걸었습니다.

파란고양이　첫 코너는 '이기헌의 인생네컷'입니다. 사진을 하나씩 보면서 이야기를 나누어 보시죠.

이기헌　제 인생에서 가장 흥분되고 아쉬운 사진이라고 할 수 있는데요. 2018년 7월 4일 평양 순안공항입니다. 형식은 도쿄올림픽 남북단일팀 구성을 위한 농구대회였습니다. 당시 대북창구였던 조명균 통일부 장관이 단장 자격으로 같이했습니다. 뒤에 보이는 군용기가 C130이라고 하는 대한민국 군용기입니다. 일반 항공기와 달라서 창문도 없기에 무기처럼 실려서 갔지요. 판문점을 통과하면 금방이었겠지만 동해에서 서해로, 그리고 중국으로 넘어갔다가 다시 평양으로 돌아가는 항로였는데 2시간 정도 걸렸습니다. 그 뒤에 보이는

---

1. 스페인 북서부 지역 갈리시아의 산티아고 데 콤포스텔라에 위치한 가톨릭 성당이다. 산티아고 데 콤포스텔라의 주교좌성당이며, 로마네스크, 고딕, 바로크 양식이 조화를 이룬 건축물. 12사도 중 하나인 대(大) 야고보의 유해가 매장된 곳이자 성 야고보의 길(El Camino de Santiago)로 불리는 성지순례의 종착지로, 로마 및 예루살렘과 더불어 수많은 순례자의 발길이 이어진 중세 가톨릭의 3대 성지이다.

건 당시 미 국무부 장관 폼페이오의 전용기입니다.

사실 이때 휴대전화기를 가져가지 못하게 해서 제가 직접 찍은 건 아니고요, 당시 동행한 기자가 찍은 것입니다. 비공개 일정이었지만 찍어 달라고 부탁했지요. 나중에 휴대전화기로 전송받은 것이다 보니 화질이 좀 떨어지는군요.

남북관계 개선을 위해 숨 가쁘게 달렸던 2018년을 기억하는 사진입니다. 2019년 하노이 회담 이후에 남북관계가 굉장히 어려워지다 보니, 이 순간이 다시 수 있을까를 생각하면 가슴이 뜨거워집니다.

파란고양이 그때 국민도 들뜬 마음으로 남북관계 개선을 기대했는데, 지금은 너무 먼 일이 되어버려 안타깝습니다. 다음 사진을 볼까요?

이기헌 제가 정치를 처음 시작했을 때의 사진입니다. 대학 졸업하고 27살 때의 모습입니다. 당시 민주당 로고를 기억하시는지 모르겠습니다. 1992년 대선에서 패배하고 김대중 전 대통령은 영국으로 유학을 떠났고, 이기택 민주당 총재 체제 시절입니다. 1995년 김근태 의장이 당시 재야단체의 대표로 참석하고, 합당 형식으로 전당대회를 장충체육관에서 개최했는데, 그때 찍은 사진입니다. 오랜 기간 김근태 의장님을 모셨는데, 제가 사진 찍는 것에 적극적이지 않았던

것도 있었고 모시는 분과 사진을 잘 찍지 않는 문화가 있었던 것 같습니다. 저 때 김근태 의장님이 40대 후반입니다.

파란고양이 그렇게 나이가 많으셨던가요? 워낙 치열하게 살아오셨기 때문일까요? 젊어 보이시네요.
이기헌 저에게는 정치적 아버지와 같은 분이라, 돌이켜보니 사진을 많이 찍어 두지 않았던 게 후회되더라고요. 제가 가장 존경하는 정치인입니다.

파란고양이 다음 사진을 보실까요?
이기헌 이 사진은 제가 민정수석실에 처음 들어갔었던 2017년에서 1년이 지난 2018년 5월경에 찍은 사진입니다. 민정수석실 검증팀이 있었던 안가 안마당에서 찍은 사진인데요. 민정수석실 고유 권한인 인사 검증을 하는 팀이 20명 정도 있었는데, 그 팀이 쓰는 별도의 건물입니다. 당시에 이 마당에서 1주년을 축하하는 작은 모임이 열렸지요. 조국 당시 민정수석비서관도 있고, 백원우 민정비서관, 이광철 선임행정관도 있네요. 그 옆이 바로 저입니다.

같이 있었던 분들은 각 부처에서 파견 나와 있었던 행정관들입니다. 가슴 아픈 건, 이분들 중 한 분은 부서 복귀 후에 스스로 목숨을

끊었습니다. 조국 수석뿐만 아니라 이때 파견 나왔던 분들이 모두 고통을 받고 있습니다. 초기 민정수석실에서 근무했던 많은 분이 고통을 받고 있습니다. 선배로서, 동료로서 매우 가슴 아픈 일입니다.

파란고양이 이 사진을 보니, 지금이 검찰 독재 시대가 맞다는 생각이 드는군요.

이기헌 언젠가 이때처럼 다 모여서 환하게 웃을 수 있는 날이 오기를 기대합니다.

파란고양이 이거 SNS 프로필 사진에서 봤던 배낭 아닙니까?

이기헌 작년 대선에 패배하고, 또 청와대 임기가 끝나고 나서 좀 힘들었습니다. 아내와 함께 산티아고 순례길을 걷고 오면 좀 나아질까 싶었어요. 약 31일 정도 순례길을 걸었는데요. 이 사진은 그 기간의 어느 날 한 장면입니다. 그때 기온이 39도까지 올라가는 무더운 날이었습니다. 제 뒷모습에서 다리를 좀 자세히 보시면 화상을 입었습니다.

　29년 동안 정치적 실무자로

일했는데, 대선에 패배하고 야인이 되어 청와대에서 나오고 나서 어디로 가야 할지 방향을 잡기 힘들었습니다. 답답하기도 했고요. 원래는 배낭에 걸려 있는 등산화를 신어야 했는데, 물집이 잡히기도 하고 덥기도 해서 샌들을 신었습니다. 그때의 제 심정을 보여주는 상징적인 사진인 것 같습니다.

파란고양이 얼핏 작품 사진처럼 보이기도 합니다.
이기헌 이것 말고도 잘 나온 사진도 많았는데, 당시의 제 처지를 보여주는 것 같아 골라 보았습니다.

파란고양이 여전히 힘들긴 하지만 끊임없이 한 발자국 앞으로 내딛겠다는 대표님의 의지가 보이는 사진 같습니다.

가족, 조금은 개인적인 이야기

파란고양이 파란고양이 대담 때 꼭 하는 질문이 있습니다. 가족관계를 설명해 주시지요.
이기헌 아내 문희숙은 연인이자 친구입니다. 우리는 고양시에 24년째 거주하고 있고, 아내는 심리상담 협동조합을 운영하고 있습니다. 그전에는 YWCA에서 일했고요. 딸이 하나 있습니다. 24살이고, 대학 졸업 후 취직했습니다. 직장이 강남이라 일산에서 출퇴근하기에는 좀 무리다 싶어 집을 구하고 있습니다.

파란고양이 졸업, 취업, 독립이 한꺼번에 이뤄지니 따님은 설레겠네요.

이기헌 딸아이는 설레하는 것 같고, 저는 좀 섭섭합니다. (웃음) 아무래도 딸 하나니까요.

파란고양이 보통 가족관계를 물으면 아들 하나, 딸 하나 등 숫자를 말하는 데에 그치는데, 대표님은 굉장히 디테일하게 설명하시네요. 따님 직장 위치도 말씀하시고. 대표님 성격을 엿볼 수 있는 것 같습니다.

이기헌 그런가요? 근데 하나 덧붙이자면 반려견 꼬물이도 있습니다.

파란고양이 그렇죠. 반려동물도 가족에서 빼놓을 수는 없죠.

다음 질문으로 넘어가 볼게요. 본인 성격의 장단점을 하나씩 말씀해 주시겠어요.

이기헌 이게 장점인지 모르겠는데, 체중도 많이 나가는 편이라 한번 앉으면 잘 안 일어납니다. (웃음) 직장도 바꾸지 못했던 것 같습니다. 그리고 사람에 대한 애정이 많은 편입니다. 어려운 사람을 보면 저절로 몸이 움직여진다고 할까요. 그런데 이 성격이 단점이기도 합니다. 세상만사 다 관여하려고 오지랖을 부리는 면도 있어서요.

확실한 단점은 뭐든 빠르다는 겁니다. 먹는 것도 빠르고 마시는 것도 빠르고 행동도 빠릅니다. 결과도 빨리 도출하려는 측면이 있고요. 그래서 요즘엔 일이 생기면 한 박자 쉬고 판단하려고 노력합니다. 걸음을 내디딜 때도 한 박자 쉬려고 노력합니다.

파란고양이 빠르다는 게 전 단점으로 보이지 않는데요.

이기헌 빨라서 손해 본 적도 많아서요.

파란고양이 그렇다고 하시니 이 질문에도 바로 답변을 주시겠네요. 베스트 프렌드 5명 이름을 대 보시죠. 생각하지 말고 빨리.

이기헌 고등학교 시절에는 '김영민'이라고 친구가 베스트 프렌드였습니다. 대학 다닐 때는 '김규철'이라는 친구가 제일 친했던 것 같습니다. 사회에 나와서는, 특히 정당 생활을 할 때는 '임찬기'라는 친구가 저와 한 직장에서 20년을 생활했으니 제일 친하다고 할 수 있겠습니다. 네 번째 베스트 프렌드는 '정광일' 선배입니다. 저보다 9년 선배인데, 사석에서는 친형제처럼 서로 호칭 없이 반말로 대화할 때가 많습니다.

  그리고 마지막 베스트 프렌드는 제 아내입니다. 아내 '문희숙'은 평소에도 우리는 부부이면서 평생 동반자로 서로의 삶을 지지하고 응원하면서 살아야 한다고 강조합니다. 저도 아내의 말에 많이 공감합니다. 26년을 함께 살아오고 많은 어려움을 극복하면서 실제로도 깊은 이야기도 많이 하니, 든든한 삶의 동반자이자 절친한 친구지요.

파란고양이 저희가 대담 진행할 때 베스트 프렌드 질문을 꼭 하는데, 많은 분이 배우자를 친구로 꼽으시더라고요. 대의를 위해 일하시는 분들에게는 힘을 실어 주는 조력자가 꼭 필요하니까 그런 것 같습니다.

다음 질문입니다. 민정비서관 시절의 재미있는 에피소드가 있을까요?

이기헌 글쎄요, 술을 많이 먹은 것 말고는 재미있는 일이 많지는 않았던 것 같습니다. 민정수석실이 밖에서 보면 권력기관의 핵심으로 호가호위할 것 같지만 실제로는 그렇지 않습니다. 문재인 정부가 출범할 때 조국 수석이 직원들에게 준 지침이 있습니다. 조국 수석이 생각한 것을 쭉 적은 다음 복사해서 나눠 줬지요. 핵심 내용은 민정수석실에 근무하는 모든 분은 권력을 사유화해서는 안 된다는 것이었습니다. 누구도 민정수석실에 있다는 것을 이용하여 경제적 이권에 개입하거나 권력을 사유화해서는 안 된다는 것입니다. 민정수석실 그 자체가 권력이기 때문에 우리가 말하고 행동하는 것이 메시지가 될 수 있다고 주의를 환기한 것입니다. 항상 낮게 임하고 자신을 경계하길 바란다는 메시지였지요. 항상 이런 생각과 경계심을 가지고 근무했습니다.

원래 민정수석실에서는 민심 청취와 수집이 기본 업무인데, 직접 접촉이 어려우니 언론 분석과 타 기관의 협조를 많이 받았습니다. 검찰과 대결 구도가 생기고서부터는 저희 스스로 더 조심하려고 했고요. 그 와중에 우리끼리는 지치지 말자고 자주 만났던 것 같습니다. 그때 정도 많이 나누었습니다.

파란고양이 그 당시 업무 관련 특별한 기억이 있으신가요?

이기헌 제가 문재인 정부 민정수석실의 마지막 민정비서관이었는데요. 최근에 개정된 군사법원법은 제가 민정비서관일 때 개정되었습니다.

파란고양이 정확히 개정된 법률명이 뭐요?

이기헌 군사법원법입니다. 군사법원법 개정의 핵심은 이렇습니다. 공군 내에서 이예람 여중사 사망사건[2]이 있었습니다. 그 사건이 터지고 나서 군사법원법을 개정하지 않으면 이런 문제들이 또 군 내에서 벌어져도 진실이 은폐될 거라고 판단했지요. 따라서 이런 문제를 군 수사기관에 더 이상 맡겨서는 안 된다는 판단에 군사법원법 개정 여론을 공론화하는 과정에 역할을 했습니다.

파란고양이 아! 그래서 최근 박정훈 대령이 민간 경찰에 이첩할 수 있었던 거군요.

이기헌 그렇습니다. 박 대령은 개정된 법률에 의해 초동 수사를 끝내고 그 결과를 경찰에 즉시 이첩하였는데 오랫동안 군 내부가 갖고 있는 폐쇄성 그리고 권위주의적 권력 구조 때문에 자기들이 결정해

---

2. 2021년 5월 21일 대한민국 공군 제20전투비행단 소속이었던 공군 여성 부사관 이예람 중사가 남성 상관인 장동훈 중사에게 성추행당해 여러 차례 신고하였으나 모두 묵살되었고, 2차 가해까지 당한 끝에 자살한 사건이다. 부대 관계자들과 가해자는 신고를 무마하고 회유하기 위해 이예람 중사는 물론 같은 부대 부사관인 남자친구까지 압박했으며, 전출된 부대에선 피해 사실이 부대원들에게 유포되어 2차 가해까지 일어나는 등 정신적 피해도 뒤따랐다. 이 중사는 5월 21일 혼인신고를 한 날 극단적 선택을 하였음이 알려져 국민적인 공분을 샀다.

놓고도 더 윗선인 국방부와 용산에서 눌러 축소·은폐하려 했다는 의혹 사건입니다.

사실 군 경찰과 군검찰은 한 몸이거든요. 판사와 검사를 넘나들면서 직무를 맡지요. 게다가 계급 사회다 보니 윗선에서 지휘권을 행사합니다.

파란고양이 이번 박정훈 대령 사건을 보면서 군사법원법을 개정을 추진하셨던 게 정말 잘한 일이라는 생각이 듭니다. 앞으로 민주당이 박 대령 사건을 특검으로 잘 끌어가서 불법이 있었다면 낱낱이 밝혔으면 하는 바람입니다.

분위기를 좀 바꿔 보지요. 스트레스를 받았을 때 자신만의 해소법이 있으신가요?

이기헌 제가 운동을 좋아합니다. 많이 뛰고 많이 걷습니다. 하지만 이걸로는 솔직히 스트레스 해소가 완벽하게 되지 않습니다. 제가 술도 좋아하고 사람도 좋아합니다. 그래서 운동을 꽤 좋아하는데도 이렇게 과체중을 극복하지 못하고 중년을 맞이하고 말았네요. (웃음)

파란고양이 그럼 등산도 좋아하시겠네요?

이기헌 등산, 자전거, 트레킹을 즐깁니다. 자전거로 하루 300km까지 타 본 적이 있습니다.

파란고양이 운동을 정말 좋아하시는군요.

이기헌   좋아하기도 하고 체력에도 자신 있는데 이 과체중은 그래도 극복하기 어렵네요. (웃음)

파란고양이   굳이 말씀하시면 모를 정도라고 저희끼리는 이해하고 넘어가시죠. (웃음) 중년이라고 하시니 그에 맞는 질문을 하나 드려보겠습니다. 우리 나이쯤 되면 아날로그 세대로 불리잖아요. 그렇지만 현재는 디지털 세계죠. 스스로 디지털과 친해지기 위해 노력하시는 부분이 있을까요?

이기헌   제 나이대라면 다들 아날로그 시대에서 출발해서 디지털 세계를 살고 계실 텐데요. 그래도 전 얼리어답터 기질이 좀 있습니다. 예전부터 물건 분해하고 다시 조립하는 걸 좋아했거든요. 초창기에 아이폰과 아이패드가 나왔을 때 광분했죠. 제 또래 중에 아이폰을 제일 먼저 산 축에 속하기도 하고요. 미국 출장 갔을 때 650달러 주고 아이패드를 구매했습니다. 한국어 버전도 없을 때인데 말입니다.

파란고양이   얼리어답터에게 아날로그 세대라는 편견으로 적절하지 않은 질문을 한 것 같습니다.

이기헌   그랬는데도 나이가 들어가면서 디지털 문화에 적응하는 게 쉽지 않아졌습니다. 특히 청와대에 들어가서는 보안 때문에 페이스북이나 유튜브 등 SNS 활동이 제한적이기도 했고요. 컴퓨터 모니터가 보통 16:9 비율이잖습니까. 6년 전 청와대에 들어갔더니 4:3 비율 모니터를 쓰더라고요. 정부에서 구매해 놨던 건데 아직 시한이 남아서 그대로 쓰고 있더군요. 그런 게 좀 취약합니다. 그런 곳에서 5년을 갇혀 있다 나와 보니 유튜브의 세상이 되어 있더군요.

파란고양이 5년 후에 나왔더니 다른 세상이라고 말씀하시니, 출소하신 느낌입니다. (웃음)

이기헌 그래서 요즘 SNS를 열심히 배우고 활용하는 중입니다.

파란고양이 사적인 질문은 여기까지 하고 사전에 준비한 정치적인 질문을 좀 드려 보겠습니다.

이기헌의 생각들

파란고양이 민주당에서 당직자로 오래 일하셨는데요, 민주당이 가진 장단점을 하나씩 꼽는다면 무엇일까요?

이기헌 제가 민주당 당직자로 20년, 김근태 의원을 모시고 4년, 이렇게 24년 일했는데요, 저는 민주당이 가진 장점을 '정체성'이라고 꼽겠습니다. 아시다시피 민주당은 중산층과 서민의 정당이라는 기치로 출범했습니다. 양극화 해소를 위해 노력해 왔고, 또 남북관계 개선을 위해서도 노력한 정체성을 가지고 있습니다. 또한 억강부약(抑强扶弱)이 민주당의 기본 정신이라고 저는 생각하기에, 이러한 정체성을 장점이라고 하겠습니다.

집권당이 된 뒤에 당이 무거워졌습니다. 민심을 스마트하게 받아들여야 하는데, 이제는 그 과정이 좀 길어진 것 같습니다. 대의민주주의의 틀을 갖고는 있지만 정보통신의 발달로 직접민주주의를 실현하는 방안들이 많아졌습니다. 이렇게 민심을 빨리 받아들일 수 있는 상황에서도 민심 수렴이 늦다는 것은 큰 단점입니다. 아무래도 현역의원들 중심의 운영 구조가 뿌리 깊게 박혀 있기 때문이겠지요.

파란고양이 맞는 말씀 같습니다. 파란고양이의 캐치프레이즈 중 하나가 '당원이 주인이 되는 민주당을 만들자'라는 것인데, 이기헌 대표님이 말씀하신 단점이 좀 개선되었으면 하는 바람입니다.
이기헌 그런 민주당이 될 수 있도록 노력하겠습니다.

파란고양이 다음 질문입니다. 이번에 민주당 혁신위원회가 제출한 혁신안 내용을 살펴보셨나요? 그중에서 가장 핵심이라고 생각하는 내용은 무엇일까요?
이기헌 혁신위원회에서 발표한 내용이 아직 제도화되지는 않았는데요. 제가 아무래도 총선 출마를 준비하고 있다 보니, 경선 시스템이 눈에 띄었습니다. 2016년 선출직공직자평가위원회에서 팀장을 맡았었는데요. 그 당시에는 하위 20퍼센트는 컷오프였습니다. 그렇다면 그 기준이 지켜졌을까요, 못 지켜졌을까요? 스스로 하위라고 판단하신 분들이 모두 탈당해 버렸습니다. 그 여파로 민주당이 호남에서 2석을 제외하고 전패했습니다. 그때 국민의당이 만들어졌지요.

안철수, 박지원 님을 주축이 된 국민의당이 호남을 석권했고, 비례대표를 포함하여 40여 석을 차지했습니다.

국회의원을 포함한 선출직 공직자의 평가시스템은 합리적으로 받아들일 수 있는 범주에 있어야 한다고 생각하는데, 이번에 제출된 안은 비교적 합리적이라고 생각합니다. 예전보다 좀 더 진전했습니다. 아쉬운 점을 꼽으라면, 저는 결선투표제가 도입되어야 한다고 생각합니다. 신인들은 현역과 달리 현수막도 못 달고 당원에게 문자도 보내지 못합니다. 당원 명부가 현역 위원장에게 있으므로 신인들은 보낼 수 없죠. 현수막도 현역의원은 15일간 달 수 있는 반면, 신인들은 다음날 바로 철거됩니다. 현역의 사전선거운동은 제도적으로 보장된 것이지요. 이런 상황에서 현역의원과 신인 2인을 붙이면 신인에게는 굉장히 불리할 수밖에 없습니다. 물론 신인도 가산점 제도가 있기는 하지만, 현역이라는 이점을 상쇄시키려면 결선투표제를 도입하는 것이 합리적이라고 생각합니다. 그런데 이번 혁신안에서는 도입되지 않아서 아쉽습니다. 추후 당규 개정 작업에서 반영되리라 믿습니다.

파란고양이 지역 현안에 대해서도 질문 드려 보겠습니다. 현재 고양시에서 가장 시급한 현안을 무엇이라고 생각합니까? 그리고 그 해법은 무엇일까요?

이기헌 고양시는 참 살기 좋은 도시입니다. 특히 일산은 1기 신도시로 계획되었는데, 당시 용적률 168%로 1기 신도시 중 가장 쾌적한 도시였습니다. 고양시에는 종합병원이 6개 있고, 그중 4개가 일산동구 지역구에 있습니다. 인구 50만 명의 파주시, 김포시에는 종합병원이 없습니다. 이처럼 쾌적한 주거 환경, 복지시설, 의료시설, 공원 면적으로 살펴보면 고양시는 참 살기 좋은 도시인 것만은 분명합니다.

그런데 신도시 건설 후 30년이 지나니, 고령자의 도시로 변해 가고 있습니다. 90년대 초에 30대, 40대의 부부가 입주했다고 봤을 때, 이곳에서 학교에 다니던 자녀는 장성해서 서울 등지로 직장을 자리 잡아 나가거나 출가합니다. 30년 전에 입주했던 분들은 60대, 70대가 되어 이 지역에서 살아갑니다. 고양시의 한 중학교의 전교생 인원이 15년 전에는 1,500명이었습니다. 보통 학교는 아파트 한가운데에 있지요. 지금도 그 아파트는 빈 세대 없이 꽉 차 있는데, 그 중학교의 학생 수는 현재 800명으로 줄었습니다. 예전에 일산신도시 하면 젊고 활기찬 도시였는데, 이제는 타 도시에 비해 고령화되고 활력은 떨어진 도시가 되어가고 있습니다.

교통, 재건축 문제도 여기에서 기인했다고 봐야 합니다. 근본적으로 고양시를 활력 있는 도시로 만들 수 있는 계획을 세워야겠다는 생각입니다.

파란고양이 말씀하신 것처럼 젊은 세대를 끌어들이는 방안만큼이나 기존에 살고 있는 분들이 나이 상관없이 활력 있게 살 수 있도록 제도를 만드는 것도 중요하다는 생각이 듭니다.

이기헌 고양시에 교통 문제를 많이 말씀하시는데, GTX가 곧 개통되긴 하지만 철도를 놓거나 도로를 건설하는 건 기본 계획을 세우고 법정도로로 인정받기까지 시간이 오래 걸립니다. 착공 후 완공되기까지 기본 10년에서 20년이 걸립니다. 지금 확정된 공사들이 빨리 안착할 수 있도록 하는 것이 향후 제가 해야 할 일이 아닌가 싶습니다.

곧 UAM(도심항공교통)이 실증 단계가 끝나고 상용화됩니다. UAM 포트가 장항에 들어섭니다. 저는 이 UAM이 포트가 아니라 그보다 큰 터미널 형태로 가야 한다고 생각합니다. 그래서 이것을 일산에서 구체화해 볼까 합니다. 고양시가 경기 북부 인천공항과 김포공항을 잇고 있으니, 새로운 항공교통 수단인 UAM의 허브가 되어야 한다고 생각하고 있습니다.

또한 고양시가 마이스 산업과 문화 콘텐츠 사업의 핵심도시가 되어야 한다고 생각하고 있습니다. 이 부분에 대해서는 다른 자리에서 자세히 설명할 기회가 있을 겁니다.

파란고양이 다음 질문입니다. 최근 일산 지역 아파트가 노후화되면서 재건축 이슈가 대두되고 있는데요. 이에 대한 시민들의 관심도 높습니다. 이에 대한 복안이 있으신가요?

이기헌 현재 노후계획도시정비특별법[3]이 국회에서 계류 중입니다.

---

3. 대한민국정책브리핑 2023년 2월 7일 기사: (전략) … 국토부는 지난해 5월부터 '1기 신도시 정비 민관합동 TF'를 운영했으며 지난해 11월 '1기 신도시 정비 기본방침 수립 및 제도화 방안' 연구용역에 착수해 특별법 내용을 검토했다. 확정

여야가 모두 동의하고 있었으므로 이번 정기국회에서 통과될 것으로 보이는데요. 다만 걱정되는 것은 그 법이 선거용으로 악용될 소지가 있다는 점입니다. 법이 통과되면 몇 개 지역을 선도 지정할 텐데, 그러고 나서 그 지역에 출마한다는 분들이 있을 겁니다. 그런 식으로 선거용으로 악용되지 않았으면 하는 바람이 있습니다. 큰 틀로 보았을 때 노후계획도시정비특별법에 대해서는 저도 찬성하는 입장입니다. 더불어서 규제는 풀어야 합니다. 예전에는 30년 이상된 아파트가 안전진단 D등급을 받아야 했습니다. 인허가도 중앙정부가 갖고 있었습니다. 이것을 푸는 것이 노후계획도시정비특별법의 주요 골자입니다. 다만 규제는 풀되 재건축 이후 미래상에 대해서는 주민들에게 충분히 설명되어야 합니다. 최근에 진행되고 있는 몇몇 설명회에서는 전혀 현실성이 없는 장밋빛 미래만 전망하더라고요. 재건축에 걸리는 시간, 경비, 이후 부동산 가치에 대한 평가 등 분명하게 설명해야 합니다.

파란고양이 지난 대선에 패배한 이유 중에 하나로 부동산 이슈가 있었잖습니까. 낙후된 아파트를 재건축하는 것도 좋고, 더 좋은 환

된 특별법에는 •적용대상 •기본방침 및 기본계획 추진체계 •특별 정비구역 특례 및 지원 •단일사업시행자·총괄사업관리자 제도 도입 •이주대책 추진 및 지원 •초과 이익 환수 등에 관한 내용이 담겨 있다. 우선 정부는 특별법이 적용되는 '노후 계획도시'를 '택지개발촉진법' 등 관계 법령에 따른 택지 조성사업 완료 후 20년 이상 지난 100만m² 이상의 택지 등으로 한정했다. 이에 대한 세부 기준은 시행령에서 규정할 예정이다. … (후략)

경에 살고 싶은 것도 이해합니다. 그렇지만 아파트 가격에 목숨까지 거는 이런 세태를 봤을 때, 이런 사고를 좀 바꾸는 어떤 대안은 없을까요?

이기헌 선출직 공직자는 국민의 욕망을 합리적으로 수용해야 합니다. 국민은 자기 재산권 보호가 가장 중요합니다. 그런데 이러한 욕망을 정치 패러다임으로 묶기는 어렵다고 봅니다. 그 욕망을 통제하는 것이 아니라 그 욕망 속에서도 정치의 본질을 실현해야 합니다. 국민의 이러한 욕망을 국가 성장의 동력으로 변환시켜 긍정적 사회 발전의 에너지로 만드는 것이 정치가 해야 할 일이라고 생각합니다.

파란고양이 다음 질문입니다. 이기헌 대표님도 586 출신이고, 민주화를 위해 투쟁하신 역사도 있으시죠. 하지만 이들이 기득권화되었다는 비난을 받는 것도 사실입니다. 지금 다시 만난 독재 시대에 586 정치인의 역사적, 정치적 과제는 무엇이라고 생각하십니까?

이기헌 이제는 586세대로 보는 게 맞겠고요, 저도 68년생이기에 큰 틀에서 보면 거기에 속하긴 합니다. 586 정치인들이 어린 나이에 정치권에 진입했고, 그분들이 삼김시대에 각 진영으로 흩어지면서 젊은 피로 수혈되어 일정한 역할을 했던 것도 사실입니다. 이분들이 민주당에만 있는 게 아니고, 국민의힘 전신인 새누리당 때도 영입된 분들이 있지요. 원희룡 국토부 장관도 그런 경우고요. DJ가 새천년 민주당을 창당하고 오세훈 시장, 원희룡 국토부 장관을 영입하려 했던 적도 있습니다. 결과적으로 실패했지만요. 그렇게 그분들이 정치적으로 명암을 갖고 있지만 586 세대를 대표한다고 생각하지는 않습니다.

어떤 분들은 586 세대의 정치적 수명이 끝났다고 보시는데요, 저는 그렇게 생각하지 않습니다. 저 역시 586 세대로서 민주당 안에서 끝나지 않은 민주화 운동을 완수해야 하는 것이 제 목표입니다. 현재 검찰 중심의 권력 구조가 상당히 장기화할 가능성이 있다고 보는데요, 이것을 막는 것이 저희가 해야 할 가장 큰 일이라고 생각합니다. 예전에는 군사정권에 저항했다면, 지금은 검찰정권에 저항하고 있습니다.

대한민국에는 2,200여 명의 검사가 있습니다. 이들 중 출세를 지향하는 정치 검사들이 검찰 권력을 이용하여 정치를 하고 있습니다.

지금 검찰 권력의 독주를 막지 못한다면, 정치검사 중에서 새로운 대통령이 계속 배출될 수 있습니다. 이것을 막아야 한다고 생각합니다.

파란고양이 개혁에 대한 열정이 정말 크신데요, 우리 국민이 모두 힘을 뭉쳐 이 숙제를 꼭 풀어나가기를 기대합니다.

다음 질문입니다. 고양시가 현재 정치적으로 퇴보하고 있다는 생각을 지울 수가 없습니다. 현재 고양시는 신청사 이전 문제로 시끄럽습니다. 고양 병의 홍정민 의원은 백석동 이전을 찬성하는 입장이고요. 이기헌 대표님은 고양 신청사 이전과 존치에 대해 어떤 생각이신가요?

이기헌 고양시청 이전의 문제는 1기 신도시가 건설되고 인구가 급속하게 늘어나면서 20년 전부터 논의된 걸로 알고 있습니다. 아주 오랫동안 논의하고 결정된 신청사 이전을 시장의 말 한마디로 입지가 바뀐다는 것은 문제가 많다고 생각합니다. 저는 일단 행정절차를 위배한 점, 고양시 조례를 무시한 점, 가장 크게는 고양시민의 민심을 충분히 수렴하지 않고 졸속 결정한 점을 들어 고양시청의 백석동 업무 빌딩으로의 이전은 힘들지 않을까 하는 의견을 드립니다. 그런데도 고양시장이 백석동으로 시청을 이전하고 싶다면 제대로 된 행정절차를 다시 밟아야 한다고 생각합니다. 주민들의 의견도 충분히 수렴하고, 의회를 설득해서 조례를 개정해야겠지요. 주민 동의, 시의회 결정을 받지 않는 이상 시장이 일방적으로 결정하는 것에는 동의할 수 없습니다.

파란고양이   지금까지 이기헌 대표님의 정치적 생각을 들어 보았다면, 이제는 본인의 인생을 스스로 풀어내는 시간입니다. 자연스럽게 본인 이야기를 하시고, 그다음에 다시 질의응답 시간을 갖겠습니다.

이기헌   저는 86세대로서 운이 참 좋았던 것 같습니다. 그런데 그 운이 좋았던 것도 나중에 알게 되었는데요. 나중에 통계하는 분한테 들은 얘기인데, 86세대, 즉 60년에서 69년에 태어난 인구가 860만 명이라고 하더군요. 이 중 4년제 대학을 진학한 사람이 17%밖에 되지 않는다고 합니다. 그리고 또 그중에서 학생운동에 뛰어든 사람은 몇 퍼센트였을까요? 저는 소수였다고 생각합니다.

제가 학생운동을 시작한 것은 87년입니다. 1학년이었고 6월 항쟁이 있었지요. 입학도 하기 전에 '탁' 하니 '억' 하고 죽었다는 박종철 군의 이야기를 들었습니다. 원서를 써놓고 결과를 기다리던 1월이었습니다. 그때 참 많이도 울었습니다. 학생운동을 원했는지 원하지 않았는지도 잘 모르겠습니다. 그렇지만 운동권 학생이 되었고, 2년의 복역 후 정치권에 발을 들여놓았습니다. 그 후 낙오하지 않고, 큰 실패도 없이 여기까지 왔습니다. 개인적으로 돌아보면 영광이기도 하고, 운이 좋았다고 생각합니다. 학생운동 과정에서 목숨 잃은 친구, 선후배도 있었으니까요. 이후에 경제적으로 어렵게 사는 분들도 많고요. 운이 좋았다고 하는 건, 그래도 전 제가 하고 싶은 일을 하면서 지금까지 살아왔다는 점입니다.

선출직 공직자가 되겠다고 결심한 것은 2012년 문재인 대통령이 대선에서 패배한 후였습니다. 그전까지 저는 이렇게 생각했습니다. 정치인으로 살아가는 것에는 여러 가지 길이 있는데, 저는 스태프의 길이 맞는다고 생각했습니다. 일을 잘하고, 열심히 하는 분들은 뒤에서 도우면서 세상을 바꾸는 일에 작은 기여라도 해야겠다는 생각이었습니다. 그런데 2012년 대선을 겪으면서 이제는 실무자가 아니라 내가 하고 싶은 것을 내 목소리에 담아 세상을 바꾸는 일에 직접 참여해야겠다고 결심했습니다. 그렇게 출마를 결심하고 11년이 지났습니다. 그렇게 11년 동안 국민과 함께 호흡하고 서민의 목소리를 대변하는 정치인으로서 역량을 기르는 데 노력했습니다.

선출직 공직자가 된다는 것은 유권자에게 심판 받고 평가를 받는 일입니다. 준비되어 있지 않으면서 찍어 달라 심판해 달라고 하는 건 말이 안 된다고 생각했습니다. 그래서 당직에 욕심을 냈고 청와대에 들어가 비서관 일을 했습니다. 밝힌 적은 없지만 제 나름대로 경력 관리를 한 것입니다. 윤석열 정부의 2023년, 이제 저는 제가 하고 싶은 일을 할 만큼의 몸과 마음의 준비가 되어 있습니다.

문재인 정부에서 완수하지 못한 권력기관 개혁을 완수하겠습니다. 꽉 막힌 남북관계를 다시 한번 뜨겁게 달구고 싶습니다. 이 자리에서 무엇을 어떻게 해내겠다는 공약을 말씀드리는 건 무의미하고요. 저와 함께 걸으면서 제가 어떤 방향으로 어떻게 가는지 봐주시길 부탁드립니다. 제가 흔들릴 때는 손도 잡아 주시면서 함께 갔으면 좋겠습니다.

파란고양이 말씀 잘 들었습니다. 이제 여기 참석자분들의 준비하신 질문이 있습니다. 21세기 지구상의 모든 국가가 풀어야 할 핵심적인 문제 중 하나가 양극화 문제라는 기사를 본 적이 있습니다. 이재명 당대표가 추진하려고 하는 기본소득 사회가 양극화 해소에 도움을 줄 수 있을지에 대해 어떻게 생각하십니까?

이기헌 기본소득 제도에 대해서는 다들 알고 계실 테니 따로 설명해 드리진 않겠습니다. 저는 기본소득 사회로 가는 길이 필연적이라고 생각하며, 정치적 프레임으로 그 길이 왜곡되지 않았으면 하는 바람입니다.

김대중, 노무현, 문재인 정부를 이어 오면서 여러 가지 시도를 했습니다. 당시엔 기본소득이라고 표현하지는 않았지만, 기초생활지원금, 노령연금, 청년 보조금 등 보편적 복지를 확대하는 방향으로 정책을 세웠습니다. 물론 기본소득은 이러한 복지 정책을 뛰어넘는 새로운 사회의 틀이기는 합니다. 저희가 이렇게 차분차분 그 길을 걸어왔다고 봅니다. 앞으로 이 부분을 더해서 나아가야겠지요. 다만 공론의 장을 통해 국민의 동의를 받아 소모적 논쟁의 중심에 서지 않도록 경계해야 한다고 봅니다.

파란고양이　청년들이 가장 불평등하다고 생각하는 것이 금융 불평등이라고 하더라고요. 금융권에서 소액 대출도 안 되니 고리대금업을 이용할 수밖에 없고 그것이 결국 발목을 잡아 신용불량자가 됩니다. 청년들이 더 많은 일을 해야 성실하게 납세도 할 수 있고 할 텐데, 시작부터 가로막혀 있다는 점이 안타깝습니다.

　다음 질문입니다. 현재 민주당 국회의원 중에 롤모델이 될 만한 인물이 있습니까? 있다면 그 이유도 말씀 부탁드립니다.

이기헌　노원구 우원식 의원입니다. 우원식 의원은 현장 중심의 정치인입니다. 현장을 벗어나서는 답이 없다고 생각하고 있지요. 제가 당직자로 있을 때 을지로위원회를 만들자고 해서 같이 시작했던 인연이 있습니다. 우원식 의원은 2022년에 출범한 기본사회위원회에서 수석부위원장을 맡고 있기도 하고요. 그는 무엇보다 공감 능력이 좋습니다. 노조 파업 중일 때 사측과 전혀 대화가 되지 않는 상황이면 달려가서 대화를 중재합니다. 사회취약계층이 제도적 한계 때문에 어려움을 겪고 있으면 현장에 가서 이야기를 듣고 그들을 대표하여 공무원들을 설득합니다. 소외계층의 아픔을 대변하는 정치인 우원식 의원처럼 그렇게 현장 중심의 정치인이 되고 싶습니다.

파란고양이 우원식 의원과 약간 결이 비슷하다는 느낌도 있습니다. 저는 측은지심이 많은 사람이 반드시 정치를 해야 한다고 생각하거든요. 오지랖도 넓어야 하고요. 말씀하신 것처럼 우원식 의원을 닮으면서 그것을 뛰어넘는 훌륭한 정치인이 되시길 바랍니다.

다음 질문입니다. 우리가 보통 소장파 의원이라고 하면 개혁적 마인드를 갖고 있어서 가치를 높게 본 적이 있었는데, 한편으로는 당내 쓴소리가 강해서 당에서 입지가 어떤지 우려스럽습니다. 이러한 소장파 의원들에 대한 이기헌 대표님의 생각은 무엇이며, 처럼회를 중심으로 준비해 온 검사 탄핵에 대해서는 어떤 의견을 갖고 계시는지요?

이기헌 검사가 헌법기관에 속하기는 하지만 모든 헌법기관에 대해서 책임 있는 정당이 매번 탄핵을 진행하기는 어렵습니다. 그런데도 개인적으로 라임사태⁴와 관련된 검사에 대해서는 민주당이 탄핵해볼 만하다고 생각합니다. 분명한 메시지를 줘야 할 필요가 있기에

---

4. 2023년 10월 6일 더불어민주당은 검찰독재정치탄압위원회 산하 검사범죄대응 태스크포스를 구성했다. TF팀장으로는 김용민 의원을 선임했다. 국회는 2023년 9월 21일 '서울시 공무원 간첩조작 사건' 피해자인 유우성 씨에 대해 보복 기소를 한 의혹을 받는 현직 검사 탄핵안을 본회에서 의결했다. 민주당은 라임사태 핵심인 김봉현 전 스타모빌리티 회장으로부터 접대받았다는 의혹을 받는 검사 3명에 대해서도 탄핵 여부를 검토 중이다.

동의하는 입장입니다.

처럼회와 같은 소장파 그룹에 대한 당의 따돌림에 대해서 우려하시는데, 당직자로서 당내에 오래 있다 보니 이런 따돌림은 항상 있었습니다. 김대중 대통령은 동교동이라는 기반을 가지고 정치를 시작했습니다. 호남이 베이스였고, 그때 정풍운동이라는 기치를 들고 정동영, 천정배, 신기남 의원이 목소리를 높일 때 당내에서 굉장한 저항이 있었습니다. 노무현 대통령은 말할 것도 없고요. 문재인 대표 시절 혁신위가 20% 컷오프 조건을 내세우니 호남 의원 다수가 탈당해 버렸습니다. 이렇게 그룹 내에서 혁신을 얘기하면 그것에 대한 반작용도 반드시 따릅니다.

문제는 지금의 소장파 의원들이 주류의 입장을 대변하고 있음에도 의원 중심의 원내 의사 구조에서 일정한 오해와 견제를 받고 있다는 것입니다. 관행화된 당내 질서에 대한 소장파의 견제는 항상 벽에 부딪혔지만, 그렇게 힘을 기르면서 성장해 주류가 되어가는 것입니다.

파란고양이 윤석열 정부 규탄 대회에서도 최근에서 탄핵 구호가 높아졌습니다. 이것이 민심이라면 민주당에서 탄핵 카드를 갖고 총선을 치러야 하는 게 아닐까요?

이기현 탄핵의 선결 조건은 위법 행위입니다. 국민은 현재 윤석열 정부가 위법 행위를 하고 있다고 생각하지만, 위법이 확정되지 않은 현재의 상황에서는 탄핵보다 심판을 당의 구호로 걸어야 한다고 생각합니다.

파란고양이 말씀처럼 당장은 탄핵을 추진할 수 없겠지만 그에 따른 준비도 필요한 거 아니겠습니까?

이기헌 당연히 필요합니다. 양평고속도로 문제만 해도 특검을 도입해야 할 상황입니다. 양평고속도로 노선변경이 윤석열 대통령 가족 재산이 증가로 귀결되는 상황과 관련하여 인위적으로 어떤 힘이 작용하여 변경을 용인했다면 그건 탄핵 사유입니다. 물론 저는 충분히 그렇다고 생각합니다. 하지만 윤석열 정권이 강력하게 부인하고 있어서 특검을 먼저 진행해서 그러한 부분의 진실규명 작업을 통해 확인해야겠지요.

파란고양이 중요한 질문을 한 가지 드리겠습니다. 국회의원이 되신다면 1호 법안으로 제출하고 싶은 내용이 무엇입니까?

이기헌 국회법에 국가를 이루고 있는 법률 구조에서 법을 제정 및 개정할 수 있는데 국회의원의 권한으로 새로운 법을 제정하는 분은 거의 없습니다. 보통 개정법을 많이 추진하지요. 3선 이상의 의원분들에게 법률 제정 경험을 물어보면, 시도해 보았으나 실제로 제정으로 이루어진 적은 거의 없다고 합니다. 그만큼 제정은 어렵습니다. 현실적으로 제정에 대한 어려움이 많이 있지만 제가 제일 제출하고 싶은 법안은 남북관계 개선에 관한 것입니다. 또 양극화 해소 관련한 법안을 제출해 보고 싶습니다. 우리나라 전체 가구 수 중 1인

가구 비중이 전체 인구의 30%를 넘었습니다. 현재 1인 가구 지원법이 있기는 하지만 현실적인 지원이 가능한 것 같지는 않습니다. 향후 1인 가구에는 청년뿐만 아니라 중년 이상의 노인 가구도 많아질 텐데요. 이처럼 1인 가구가 가족 단위의 최소 단위를 이룬다는 것에 대해 법적 보장받고, 커뮤니티에 소속되어 자기 정체성과 자존감을 지키면서 살아갈 수 있도록 최저 기준의 지원이 법적으로 보장되어야 한다고 생각합니다.

파란고양이 입법기관으로서 국회의원이 새로운 법을 제정하는 것과 행정부를 견제할 권한이 그다지 높지 않은 것처럼 들립니다.

이기헌 행정부를 견제할 권한 중 국가 재정에 관해서는 더욱 그렇습니다. 국가 예산이 640조 원까지 상승했습니다. 예산 심사, 결산을 합하면 1,280조 원입니다. 국회의원 299명이 예산 결산을 들여다보면서 이 금액을 전부 파악하고 있을까요? 이러한 예산 관리는 기재부에서 합니다. 매우 방대한 데이터와 자료는 기재부 권한이고 국회의원은 다 볼 수가 없습니다. 기재부의 권한을 국회 산하로 두어야 합니다. 국회에 전문인력을 두고 관리해야죠. 지금은 기재부 관료들이 예산을 세운 다음 국회의원들이 심사합니다. 예산 640조 원 중에 국회에서 평균 삭감, 증액하는 예산은 매우 적습니다. 대부분 지역구와 관련된 예산이지요. 상임위를 맡고 있다고 해도 전체를 들여다볼 수 없습니다. 예산편성권에 관해서는 기재부 관료들의 권한이 그렇게 막강합니다. 짧은 시간 내에 예결위 100명의 의원이 지역구 현안 관련 예산에만 신경 씁니다. 이것은 국회의원이 무능해서가 아니라 현재 시스템이 그렇다는 말씀을 드립니다.

파란고양이 그럼 예산처를 국회로 가져올 수 있도록 법안을 만들고 통과시키면 되는 것 아닙니까?

이기헌 국가 예산에 대한 예산 편성권을 국회가 가져오는 것은 행정부의 권한이 대폭 축소되기 때문에 역대 대통령들이 한 번도 찬성한 적이 없습니다. 그런데도 저는 국가의 예산 편성 권한을 국회에 가져와야 한다고 생각합니다. 더불어서 감사원의 권한도 말이지요. 감사원은 대통령 보좌기구가 아닙니다. 감사원이 정권의 보위대로 공무원을 감시하고 처벌하는 기구로 전락해서는 안 됩니다. 국회 산하로 두는 게 맞습니다.

파란고양이 국회의원이 예산 편성에 전부 관여하는 게 아니라는 사실은 좀 충격적입니다.

이기헌 그런 면에서 국회의원의 수도 늘려야 된다고 봅니다. 국회의원은 국가의 재정을 잘 관리하고 누수되는 부분은 없는지 살펴볼 수 있어야 합니다. 국회의원에게 지급되는 세금이 아깝다고 하시는데, 그들이 세금에 누수가 없도록 일해야 하는 구조를 만들어야겠지요. 국회의원에 대한 국민의 불신이 강해서 국회의원에 힘을 실어주는 제도에 대해 반대하지만, 저는 지금처럼 대통령의 힘이 막강한 5년 단임제 제도에 대해 고민해야 하는 시점이 왔다고 생각합니다.

제가 국회로 입성하면 국회의원들이 오로지 국민을 위해 일해야 하는 시스템을 만들고 싶습니다. 5년 담임의 현 대통령중심제는 그 수명을 다했습니다. 4년 중임제 개헌이 필요합니다.

파란고양이 마지막으로 한 말씀 덧붙여 주시지요.

이기헌 보좌진과 당직자, 청와대 비서관으로 28년간 일해 오면서 정체성을 지키기 위해 노력했습니다. 대선 실패로 국민이 고통을 느끼는 현 정치 상황을 보면서 많은 생각을 했습니다. 지금까지 저는 당과 행정부, 국회의 실무자로 일해 왔지만, 이제 국민을 섬기는 선출직 공직자의 길을 선택했습니다. 경제 사회적 양극화의 불평등을 해소하고, 지속발전이 가능한 공화국(共和國)을 만들어 가겠습니다. 국가와 국민이 주신 기회로 쌓은 경험과 능력을 풀어 대한민국의 성장을 위해 던지겠습니다. 그 길에 함께 손잡아 주시리라 믿습니다. 감사합니다.

* 2023년 9월 17일 이루어진 이 대담은 '파란고양이' 유튜브에서 전문을 확인할 수 있습니다. 상기 내용은 편의상 질문자를 따로 표기하지 않고 2인 대담 형식으로 재구성했음을 밝힙니다. 또한 현장에서 시간제한상 충분히 답변하지 못한 부분은 추가로 구술하였습니다.

이기헌 대담

초판 1쇄 2023년 11월 25일

글쓴이 | 이기헌

펴낸곳 | 도서출판 단비P&B
펴낸이 | 김준연
편 집 | 김정민

등 록 | 2003년 3월 24일(제2012-000149호)
주 소 | 경기도 고양시 일산서구 고양대로 724-17, 304동 2503호(일산동, 산들마을)
전 화 | 02-322-0268
팩 스 | 02-322-0271
전자우편 | rainwelcome@hanmail.net

ISBN 979-11-6350-101-5 03340
값 18,000원